ℝ reinhardt

D1731711

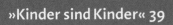

Gisela Batliner

Hörgeschädigte Kinder
spielerisch fördern

Ein Elternbuch zum frühen Hör- und Spracherwerb

3., vollständig überarbeitete und neu gestaltete Auflage

Ernst Reinhardt Verlag München Basel

Inhalt

Online-Zusatzmaterial zum Buch

Auf der Homepage des Verlags unter www.reinhardt-verlag.de finden Sie zusätzlich zu den Inhalten in diesem Buch Informationen zur Auswahl von Krippe und Kindergarten für Ihr hörgeschädigtes Kind.

Liebe Eltern!

Vielleicht haben Sie erst vor Kurzem erfahren, dass Ihr Kind hörgeschädigt ist, und suchen nach Tipps, wie Sie es in seiner Entwicklung individuell fördern können. Vielleicht liegt die Diagnose aber auch schon etwas zurück und Sie suchen nun Bestätigung. Oder Sie möchten einfach nur neue, leicht umsetzbare Spielideen und Anregungen für die Verbesserung der Kommunikation im Alltag erhalten.

Dieser Ratgeber entstand aus der praktischen Arbeit mit hörgeschädigten Säuglingen und Kleinkindern und deren Familien. Es ist kein Trainings- oder Übungsbuch, das abgearbeitet werden muss. Wählen Sie selbst aus, was für Sie und Ihr Kind hilfreich ist.

In der 3. Auflage erscheint dieser Ratgeber jetzt deutlich übersichtlicher gestaltet, inhaltlich aktualisiert und mit noch mehr Spielideen.

Die ersten hörgeschädigten Kinder, die zu mir kamen, sind nun schon selbst im Beruf und gründen eigene Familien. Ich bin dankbar für die reiche Erfahrung, die ich durch das Vertrauen der Familien in meine Arbeit sammeln konnte. Sie haben dieses Buch ermöglicht.

München, im Herbst 2012
Gisela Batliner

Einführung

Sie sind mit der Diagnose *Ihr Kind ist hörgeschädigt* nicht allein: „Von 1000 Kindern kommen 2–3 mit einer behandlungsbedürftigen Hörstörung zur Welt" (Nawka 2011, 14). Durch Krankheit nach der Geburt, z. B. durch eine Gehirnhautentzündung (Meningitis), ertauben zusätzlich Kinder oder werden schwerhörig, noch bevor sie die Sprache erworben haben.

Sie sind mit der Diagnose nicht allein.

Wie können wir die Kinder dabei unterstützen, die Hörschädigung gut in ihr Leben zu integrieren, sprachlich unabhängig zu werden und sich ihren Begabungen und intellektuellen Fähigkeiten entsprechend zu entwickeln? Nie zuvor war es für hörgeschädigte Kinder möglich, Sprache so natürlich zu erwerben, wie heute. Entscheidend dafür ist die Hörentwicklung. Zu diesem Thema liegen aus dem Fachgebiet der Neurophysiologie klare Forschungsergebnisse vor: Eine Hörbahnreifung im Gehirn ist nur möglich, wenn die Sinneszellen in den ersten Lebensjahren durch akustische Reize angeregt werden und dadurch immer wieder neue Verknüpfungen zwischen den Nervenzellen entstehen können.

Der Natürliche Hörgerichtete Ansatz (NHA) in der Frühförderung hörgeschädigter Kinder bietet dafür ein weltweit und seit Jahrzehnten bewährtes Konzept. Basierend darauf finden Sie in diesem Buch zahlreiche Anregungen, wie Sie mit Ihrem Kind vom Säuglingsalter an ins Gespräch kommen und damit im Dialog seine Sprachentwicklung bestmöglich fördern können. Eine natürliche Kommunikation ist nur in der jeweiligen Muttersprache möglich.

Der Natürliche Hörgerichtete Ansatz basiert auf dem Dialog im Alltag.

Neun von zehn Kindern, die mit einer Hörschädigung geboren werden, haben hörende Eltern (NIDCD 2012). Die Muttersprache ist für die überwiegende Zahl der hörgeschädigten Kinder daher die *Lautsprache* (Kap. 2).*

Im Dialog die Sprachentwicklung fördern

Seit 2009 in Deutschland das Neugeborenen-Hörscreening eingeführt wurde, hat sich die Früherkennung deutlich verbessert. Durch die frühe Versorgung mit modernster Hörtechnik und die Begleitung der Familien ab dem Säuglingsalter haben noch mehr Kinder die Chance, altersgemäß hörgerichtet Sprache zu erwerben. Nach wie vor gibt es jedoch auch Kinder, deren Hörstörung erst später erkannt und versorgt wird. Es soll daher hier betont werden, dass auch diese Kinder eine Chance haben, hörgerichtet im Dialog Sprache zu erwerben, auch wenn sie dafür mehr Zeit und länger gezielte Förderung benötigen.

Das Buch richtet sich an Familien mit Kindern vom Säuglings- bis zum Vorschulalter. Bei den Spielvorschlägen finden Sie bewusst keine Altersangaben. Entscheidend ist immer die Entwicklung und das Interesse des Kindes und nicht sein Alter: So benutzen z.B. 2-Jährige beim Spiel mit Knete schon Ausstechförmchen, während ein Kind mit zusätzlichen Entwicklungsbeeinträchtigungen daran vielleicht erst mit fünf Jahren Freude hat. Außerdem ist auch bei einer altersgerechten Entwicklung die Spannbreite von dem, was Kinder wann können und wofür sie sich interessieren, groß. Lassen Sie sich von den Interessen und Ideen Ihres Kindes leiten, dann wird es sich auf die gemeinsame Beschäftigung konzentrieren, daran Spaß haben und gerne mit Ihnen kommunizieren. Sicher werden Sie Ihr Kind auch einmal zu neuen Beschäftigungen anregen: Es wird Ihnen selbst zeigen, ob Ihre Anregung passend ist.

Lassen Sie sich von den Interessen des Kindes leiten.

Sprachentwicklung läuft nie isoliert ab. Die Förderung ist daher immer ganzheitlich ausgerichtet und bezieht besonders auch die persönlichen Stärken und Begabungen jedes Kindes mit ein.

Die Förderung ist immer ganzheitlich.

Grundsätzlich geht es weniger um Sprachtherapie als um die Begleitung der Sprachentwicklung unter den Bedingungen einer Hörschädigung. Zu Beginn ist es ein Weg der kleinen Schritte, der von Eltern viel Geduld und Zuversicht erfordert. Doch Ihr Kind selbst wird Ihnen zeigen, dass sich die Geduld lohnt. Dieses

Buch ist als Wegbegleiter gedacht für diese frühe Zeit der vielen kleinen und manch' großer Schritte.

Anmerkungen

Die Namen der Kinder in den Fallbeispielen wurden geändert. Alle Kinder in den Beispielen sind gehörlos oder hochgradig schwerhörig und beidseitig mit Hörgeräten oder CI versorgt.

Die Altersangabe 3;2 Jahre bedeutet drei Jahre und zwei Monate.

Fachbegriffe, die im *Serviceteil* erklärt werden, sind im Text mit einem Sternchen* gekennzeichnet.

Zugunsten des Leseflusses wurde bei männlicher bzw. weiblicher Anrede nur eine Form gewählt. Selbstverständlich sind immer beide Geschlechter gemeint.

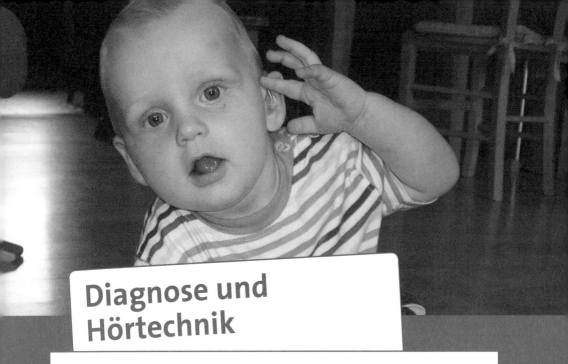

Diagnose und Hörtechnik

Moderne Hörtechnik schafft die Grundlage dafür, dass Ihr Kind hören lernen und dadurch Sprache erwerben kann. Wenn erfahrene Fachleute gemeinsam individuelle Lösungen für Ihr Kind finden, wird es seine Hörtechnik optimal nutzen können. Auch Sie können im täglichen Umgang mit Hörgeräten und CI dazu beitragen, dass Ihr Kind seine „Lauscher" oder „Hörlis" gerne trägt und davon so gut wie möglich profitiert.

In diesem Kapitel werden grundlegende Informationen zur Diagnostik sowie wichtige, alltagsrelevante Informationen zum Umgang mit Hörgeräten und CI gegeben. Im *Serviceteil* finden Sie Empfehlungen für Bücher und Internetseiten, wenn Sie sich darüber hinaus vertieft mit folgenden Themen beschäftigen möchten: Wie funktioniert das normale Hören? Welche Hörtests gibt es und was bedeuten die Ergebnisse? Welche Formen von Hörschädigungen gibt es und wie kann man sie behandeln? Welche Ursachen kann eine Hörschädigung haben? Wie funktioniert ein Hörgerät oder ein CI?

Im Folgenden werden vor allem solche Aspekte rund um die Diagnostik und Hörtechnik berücksichtigt, die Eltern in der frühen Zeit oft beschäftigen, und die in Informationsbroschüren oder auf Internetseiten eher seltener zu finden sind.

Diagnose

Die erste Zeit nach der Diagnose ist immer eine Ausnahmezeit. Vielleicht haben Sie schon kurz nach der Geburt erfahren, dass der Verdacht auf eine Hörschädigung besteht, und wurden völlig unvorbereitet von dieser Nachricht getroffen. Oder Sie haben erst nach einer mühsamen Odyssee Gewissheit für Ihre Vermutung bekommen, dass irgendetwas nicht stimmt. Grundsätzlich gilt: Nur auf der Grundlage einer kompetenten Diagnostik können die richtigen medizinischen Maßnahmen entschieden und die richtige Hörtechnik ausgewählt und angepasst werden.

Was gehört zu einer guten Diagnostik? Egal, ob es sich um eine mittelgradige Schwerhörigkeit bei einem Schulkind handelt oder um den Verdacht auf Taubheit bei einem Säugling: Ein Hör-

Ein Hörtest allein genügt nicht.

test allein reicht nicht aus! Eine kompetente Hördiagnostik umfasst immer mehrere Aspekte und wird von verschiedenen Fachdisziplinen (z.B. Pädaudiologie, Hörgeräteakustik, Logopädie, Entwicklungspsychologie) gemeinsam durchgeführt.

Eine kompetente Hördiagnostik umfasst

- die Erhebung der Vorgeschichte mit den Beobachtungen der Eltern zum Hör- und Sprachverhalten des Kindes im Alltag sowie die Berücksichtigung eventueller Erkrankungen und Risikofaktoren für eine Hörschädigung,

- die Prüfung der Sprach- und Gesamtentwicklung des Kindes,

- die HNO-Untersuchung, u.a. mit der Überprüfung der Druckverhältnisse im Mittelohr durch eine *Tympanometrie** und der Prüfung der *Stapediusreflexe**,

- subjektive Hörtests, wobei die Hörreaktionen des Kindes beobachtet werden,

- objektive Hörtests, d.h. Messverfahren, bei denen das Kind selbst keine Angaben macht, sondern Geräte das Hörvermögen messen, wie z.B. bei einer *BERA-Messung**. Die Interpretation der Ergebnisse übernehmen teilweise die Geräte, teilweise Fachleute, wie z.B. Pädaudiologen.

**Fragen Sie nach:
Wissen gibt Sicherheit.**

Sie sind und bleiben die wichtigsten Fachleute für Ihr Kind: Fragen Sie daher so lange nach, bis Sie die Diagnose und die einzelnen Messergebnisse genau verstanden haben. Dieses Wissen hilft Ihnen, im Umgang mit Ihrem Kind Sicherheit zu gewinnen. Lassen Sie sich die Details nach dem Gespräch mit dem Arzt, auch in der Frühförderstunde oder beim Hörgeräteakustiker erklären – jeder hat seinen eigenen Blickwinkel und deshalb andere Erfahrungsschwerpunkte.

Gespräche mit Eltern, die diese erste Zeit schon hinter sich haben, sind ebenfalls oft hilfreich. Sammeln Sie alle Unterlagen (Arztberichte, Audiogramme, Frühförder- oder Therapieberichte, Schriftverkehr mit der Krankenkasse oder mit Behörden zum Schwerbehindertenausweis): So können Sie zu Hause in Ruhe etwas noch einmal nachlesen oder den letzten Arztbrief in die nächste Frühförderstunde mitnehmen und darüber sprechen. Grundsätzlich stehen Ihnen alle Unterlagen zu Ihrem Kind zu.

Hörgeräte und Cochlea-Implantate (CI)

Die bilaterale Versorgung

Es ist kein Zufall, dass Menschen mit zwei Ohren geboren werden: Mit zwei Ohren hört man nicht nur besser – man hört damit auch anders und mehr. Eine optimale Versorgung mit Hörtechnik ist daher immer eine Versorgung beider Ohren (*bilaterale Versorgung**). Das können je nach Hörschädigung ganz unterschiedliche technische Hörhilfen sein. In den meisten Fällen sind es bei Kleinkindern zwei Hörgeräte, zwei Cochlea-Implantate oder ein Hörgerät und ein Cochlea-Implantat. Letzteres ist eine sogenannte *bimodale* Versorgung und wird durchgeführt, wenn ein unterschiedlicher Hörverlust auf beiden Ohren vorliegt. Früher nahm man an, dass die verschiedenen Höreindrücke von einem CI auf dem einen und einem Hörgerät auf dem anderen Ohr sich gegenseitig stören. Heute dagegen weiß man zuverlässig, u.a. aus Berichten Erwachsener, dass das nicht der Fall ist, sondern die unterschiedlichen Höreindrücke sich sehr gut ergänzen können.

Mit zwei Ohren hört man besser und anders.

Manchmal stellen sich Eltern die Frage, ob es nicht besser wäre, wenn schon operiert werden muss, gleich beide Ohren mit einem CI zu versorgen, um von Anfang an dem Kind eine maximale

Hörgerät und CI ergänzen sich.

und technisch einheitliche Versorgung zu geben. Bedenken Sie dabei: Die technisch maximale Versorgung ist nicht zwangsläufig die für Ihr Kind optimale Versorgung. Wenn ein Ohr mit einem Hörgerät gut versorgt werden kann, ist die bimodale Versorgung mit Hörgerät und CI die optimale für das Kind: Die Höreindrücke ergänzen sich, operiert wird nur das eine Ohr, und sollte der Hörverlust zunehmen, bleibt die Möglichkeit der CI-Versorgung für das zweite Ohr bestehen.

Mit zwei Ohren kann Ihr Kind ...

- entspannter hören und muss sich weniger konzentrieren,

- hören, aus welcher Richtung ein Geräusch oder eine Äußerung kommt, und sich dadurch z. B. im Straßenverkehr oder im Gespräch mit mehreren Personen besser orientieren,

- bei Umgebungsgeräuschen Sprache besser verstehen, weil es unwichtige Hintergrundgeräusche leichter ausblenden kann,

- auch dann noch hören, wenn gerade auf einer Seite die Batterien gewechselt werden, oder wenn ein Gerät aufgrund technischer Probleme einmal ausfallen sollte.

Zukünftige Hörtechnik braucht aktivierte Nervenbahnen.

Eltern gehörloser Kinder überlegen sich manchmal, ob es nicht sinnvoll wäre, nur in einem Ohr ein CI zu implantieren und das andere frei und unversehrt zu lassen für zukünftige technische bzw. biotechnische Entwicklungen. Dieser Gedanke ist nachvollziehbar. Dagegen spricht jedoch, dass Kinder in den ersten Lebensjahren Sprache erwerben und von einer guten Sprachkompetenz ihr Leben lang profitieren. Für einen optimalen Spracherwerb brauchen sie ein beidohriges Hören. Fehlt die akustische Stimulation auf einer Seite, können degenerative Veränderungen des Nervensystems auftreten, die nicht mehr rückgängig zu machen sind, und eine spätere Nutzung auch neuester Technologien ausschließen.

Benötigen Kinder auf beiden Seiten ein CI, können diese entweder in einer einzigen oder in zwei aufeinanderfolgenden Operationen eingesetzt werden. Erfolgt die Versorgung des zweiten Ohres nicht sofort, sondern mit einem Abstand von einigen Monaten oder wenigen Jahren, erhalten Eltern manchmal die Anleitung, dem Kind zu Beginn ein bis zwei Stunden täglich nur das neue Gerät zu geben und das bisherige, gewohnte Gerät abzunehmen, damit das neu implantierte Ohr trainiert wird. Dies ist für die Kinder

Es sollten immer beide Geräte getragen werden.

ausgesprochen irritierend und nicht sinnvoll. Viele Kinder lassen es gar nicht zu, dass Ihnen das Gerät, mit dem sie schon hören können, weggenommen wird. Die Kinder werden dadurch stark verunsichert, weil sie mit dem neuen Gerät allein zunächst viel schlechter hören als mit dem gewohnten. Sie können nicht verstehen, warum die Eltern ihre Hörsituation bewusst verschlechtern und sich plötzlich anders verhalten als vorher: Bis zu diesem Zeitpunkt wurde dem Kind vermittelt, dass das CI etwas Positives ist, was es immer tragen soll. Die Eltern hatten sich über seine Hörentwicklung gefreut und plötzlich nehmen sie es ihm weg.

Eltern, die sich für die Operation des zweiten Ohres entschieden haben, möchten, dass das Kind das beidohrige Hören lernt: Dies gelingt aber nur, wenn auch beide Geräte ganztags getragen werden und das Gehirn somit lernt, die Höreindrücke von beiden Seiten zu verarbeiten. Die Erfahrung zeigt, dass sich das Hören auf dem zweiten Ohr bei Kleinkindern problemlos entwickelt, wenn immer beide Geräte getragen werden. Dies gilt auch für die Kombination von einem Hörgerät und einem später implantierten CI.

Auswahl von Hörgeräten und CI

Eltern fragen sich oft zu Beginn, ob es die richtige technische Versorgung für ihr Kind gibt. Wenn damit ein bestimmtes Hörgerät oder ein bestimmtes CI gemeint ist, ist die Frage mit „nein" zu beantworten. Jedes Kind hat seine ganz persönliche Vorgeschichte, seine eigene Art der Hörstörung, individuell geformte Ohrmuscheln, einen engeren oder weiteren Gehörgang, usw. Eine technische Versorgung kann nur richtig und erfolgreich sein, wenn sie ganz individuell auf das einzelne Kind abgestimmt, regelmäßig kontrolliert und bei Bedarf optimiert wird. Dennoch gibt es Hörgeräte, die für Kinder besonders geeignet sind: Sie sollten u.a. variabel in der Einstellung sein, einen Audio-Eingang besitzen und Reserven in der Verstärkungsleistung, da die Einstellung der Hörgeräte immer begleitend zur kindlichen Entwicklung erfolgt. Für die frühe Hörgeräteversorgung gibt es Pädakustiker. Das sind Hörgeräteakustiker mit einer Zusatzausbildung für Kinder. In der Versorgung von Säuglingen und Kleinkindern ist neben dem Fachwissen immer auch die Erfahrung, Geduld und das pädagogische Geschick ausschlaggebend.

Hörgeräte werden individuell ausgewählt und angepasst.

Wie bei Kinderbrillen können Sie auch bei Hörgeräten und CIs unter zahlreichen Farben auswählen. Beziehen Sie Ihr Kind ein, wenn es dazu schon eine eigene Meinung hat. Auch die Ohrpassstücke können z.B. mit Glitzer oder den Farben des Lieblings-Fußballvereins versehen werden. Eltern haben bei auffälligen Farben oft das Problem, dass die Schwerhörigkeit dadurch noch sichtbarer wird. Ist es nun besser oder schlechter, wenn man sieht, dass das Kind schwerhörig ist?

Beispiel

Martins Mutter berichtete, dass der 4-Jährige an der Fleischtheke auf die Frage, ob er ein Stück Wurst haben möchte, nicht reagierte. Dann fielen der Verkäuferin seine blauen Hörgeräte auf,

sie hielt ihm eine Wurstscheibe hin und wiederholte ihre Frage. Martin nahm die Wurst und sagte, nach kurzer Erinnerung durch die Mutter, „Danke".

Dieses Beispiel zeigt, dass sichtbare, bunte Hörgeräte helfen können, die Reaktionen eines Kindes richtig zu deuten: Die Verkäuferin erkannte, dass Martin sich nicht schlecht benimmt, wenn er nicht antwortet, sondern vielleicht einfach nur ihre Frage nicht gehört bzw. nicht verstanden hatte. Dies kann vor allem dann passieren, wenn das Kind nicht erwartet, angesprochen zu werden. Sichtbare Hörhilfen sind deshalb zu bevorzugen.

Hörgeräte für Babys und Kleinkinder sollten

- variabel in der Einstellung sein,
- Reserven in der Verstärkungsleistung haben,
- eine Programmierung haben, die verhindert, dass das Kind an den Bedienelementen etwas verstellen kann,
- eine Batteriefachsicherung haben,
- Kinderwinkel (kleinere Tragehaken) haben,
- eine farbliche Seitenkennzeichnung haben: Besonders wichtig, wenn das Kind rechts anders hört als links sowie
- einen Audioeingang haben für den späteren Einsatz von Zusatzgeräten, wie FM-Anlagen oder den direkten Anschluss, z. B. von MP3-Playern.

Wenn Eltern in der ersten Phase der Hörgeräteanpassung zu Hause beobachten sollen, ob ihr hochgradig hörgeschädigtes

Kind Hörreaktionen zeigt, ist das oft frustrierend: Babys und Kleinkinder reagieren zu Beginn meistens weder auf Geräusche noch auf Sprache. Dabei ist es wichtig zu wissen: Wenn ein Kind keine Reaktionen zeigt, heißt das nicht zwangsläufig, dass es auch nichts hört! Wenn Ihr Kind seine ersten Hörerfahrungen macht, weiß es noch nicht, dass Geräusche und Stimmen eine Bedeutung haben. Deshalb reagiert es auch nicht darauf. Damit sich Ihr hochgradig schwerhöriges Baby Ihnen zuwendet, wenn Sie es ansprechen, benötigt es monatelange Hörerfahrung. Nur so lernt es, dass Stimmen zu Menschen gehören, dass es z.B., wenn der Papa es anspricht, gleich hoch genommen wird, und es sich daher „lohnt", sich umzudrehen, wenn es seinen Namen hört *(Kap.4)*.

Zu Beginn sind oft noch keine Hörreaktionen zu sehen.

Falls Sie bemerken, dass Ihr Kind auf Alltagsgeräusche immer wieder mit Lidreflexen (Augenzwinkern) reagiert, sprechen Sie das in der Klinik und beim Hörgeräteakustiker an: Es bedeutet, dass die Geräte zu laut eingestellt sind.

Zur Hörgeräteversorgung gehört auch die individuelle Anfertigung der Ohrpassstücke, die immer wieder erneuert werden müssen, wenn die Ohren wachsen. Sind die Ohrmuscheln beim Baby noch sehr weich, hat es sich bewährt, dass bei der Abdrucknahme für die Ohrpassstücke die Hörgeräte hinter dem Ohr bleiben, damit die Ohrmuscheln die Form behalten, die sie auch im Alltag mit den Hörgeräten haben. Wenn das Kind frei sitzt, steht oder läuft, sich also nicht direkt mit dem Ohr an ein Kissen oder eine Person anlehnt, dürfen die Hörgeräte nicht pfeifen. Bleiben Sie hartnäckig und gehen Sie immer wieder zum Hörgeräteakustiker, wenn Sie Probleme damit haben.

Die Zeit vor der Implantation

▶ Wird ein Baby zunächst mit Hörgeräten versorgt, wird die Zeit bis zur Implantation manchmal von Eltern als Wartezeit empfunden, „bis ihr Kind richtig zu hören beginnt". Beachten Sie dabei: Die ersten auch noch so geringen Hörerfahrungen mit Hörgeräten sowie die Beziehungsentwicklung zwischen Eltern und Baby und die vorsprachlichen Dialoge in den ersten Lebensmonaten sind die Grundlage einer erfolgreichen Entwicklung mit einem CI.

Wenn Cochlea-Implantate notwendig sind, müssen Eltern sich vor der Operation für ein Fabrikat entscheiden. Im Gegensatz zu Hörgeräten, die man einfach ausprobieren und wieder ablegen kann, ist die Entscheidung für ein bestimmtes CI in der Regel eine Entscheidung für Jahrzehnte. Gleichzeitig kann man als Laie die feinen technischen Unterschiede nur schwer verstehen. Lassen Sie sich u.a. die äußeren Unterschiede (Größe der äußeren und der einoperierten Teile, Fernbedienung, Akkus, Batterien, Spritzwasserschutz ...) und die Handhabung im Alltag erklären. Diese Aspekte sind neben der Verarbeitungsstrategie des Sprachprozessors, der Elektrodenform und weiterer technischer Details von Bedeutung.

Es ist zusätzlich wichtig, dass neue Entwicklungen mit den Vorgängermodellen kombiniert werden können. Das Kind kann dann von Neuentwicklungen profitieren, ohne erneut operiert werden zu müssen: Der äußere Teil, der neue Sprachprozessor, arbeitet mit dem einoperierten inneren Teil, einem Vorgängermodell, zusammen. Man muss zwar davon ausgehen, dass im Laufe eines Lebens Reimplantationen notwendig werden. Eine erneute Operation wird aber immer nur aufgrund technischer oder medizinischer Probleme durchgeführt, nicht, um ein neueres Modell einzusetzen. Seit Ende der 1980er Jahre erhalten Kinder Cochlea-Implantate. Wie lange die Geräte halten, kann nicht pauschal gesagt werden. Zur Zuverlässigkeit der einzelnen Systeme erhalten Sie Auskunft in den Kliniken, in Ihrem Cochlear-Implant-Center (CIC) und bei den einzelnen CI-Firmen.

Es ist beruhigend zu wissen: Wie gut Ihr Kind hören und sprechen lernt, hängt nicht von der Wahl eines bestimmten CI-Fabrikates ab. Es gibt andere wichtige Faktoren, z. B. in welchem Alter die Diagnose gestellt wurde, ob es schon einmal gehört hat, wie sprachbegabt Ihr Kind ist, ob es zusätzliche Entwicklungsbeeinträchtigungen hat, wie die Bezugspersonen unterstützt und begleitet werden und wie dadurch Kommunikation und Förderung innerhalb und außerhalb der Familie verlaufen.

Wie bei der Diagnostik ist auch bei der Hörgeräte- und CI-Versorgung eine gute interdisziplinäre Zusammenarbeit gefragt. Diese umfasst u. a. die BERA-Ergebnisse aus der Klinik, die der Hörgeräteakustiker für die Auswahl und Einstellung der Hörgeräte braucht oder die Rückmeldung der Frühförderung an den Hörgeräteakustiker und Pädaudiologen, ob das Kind die Geräte gut akzeptiert, etwas wacher wirkt, weniger unruhig ist oder sein Lautieren sich verändert. Nicht zuletzt werden natürlich auch Ihre eigenen Beobachtungen aus dem Alltag mit einbezogen.

Tägliche Wartung

Tipp

→ *Beziehen Sie Ihr Kind schon früh beim Batterie- oder Akkuwechsel mit ein. So lernt es schrittweise immer selbstständiger damit umzugehen.*

Neben den regelmäßigen Kontrollen beim Hörgeräteakustiker bzw. im CIC, die in den ersten Lebensjahren alle drei Monate und später halbjährlich erfolgen, ist der tägliche Umgang mit den Geräten wichtig. Bevor Sie Ihrem Kind seine Hörgeräte oder CIs einsetzen, müssen Sie prüfen, ob diese auch fehlerfrei funktionieren: Sie würden ja auch täglich darauf achten, ob die Brille Ihres Kindes sauber ist, bevor Sie ihm diese morgens aufsetzen. Wie Sie diese tägliche Kontrolle und Pflege einfach und effektiv durchführen können, zeigen Ihnen der Hörgeräteakustiker, die Mitarbeiter im CIC oder auch Ihre Frühförderin. Fragen Sie nach, wenn etwas unklar ist. Das regelmäßige Trocknen der Geräte in einer elektrischen Trockenbox oder einem Trockenbeutel erhöht deren Lebensdauer nicht nur in der Phase, in der Säuglinge die Geräte in den Mund nehmen; auch durch Körperschweiß werden sie immer etwas feucht.

Die Hörtechnik wird täglich überprüft.

Achten Sie darauf, die Hörgeräte zu Beginn nicht vor dem Kind abzuhören. Wenn Ihr Kind sieht, dass sie aufgrund des ungewohnten Höreindruckes erschrecken oder einen angestrengten Gesichtsausdruck bekommen, kann es daraus schließen, dass seine Hörgeräte etwas Unangenehmes sind. Bedenken Sie, dass Ihr Kind mit den Hörgeräten ganz anders hört als Sie selbst, weil diese Hörgeräte auf seine spezifische Schwerhörigkeit eingestellt sind.

Verständlicherweise wollen Eltern gerne wissen, wie das Hören mit einem CI klingt. Die verzerrte Sprache und Musik, die in CI-Simulationen im Internet zu hören sind, geben

CI-Simulationen im Internet zeigen nicht, wie Ihr Kind hört!

jedoch nicht wieder, wie CI-Träger hören! In den Simulationen wird lediglich das elektrische Stimulationsmuster der Elektroden hörbar gemacht. Dies hat nichts damit zu tun, wie ein CI-Träger diese Höreindrücke wahrnimmt. Wie das Gehirn CI-Informationen verarbeitet, hängt u.a. von den Hörerfahrungen ab und ist individuell verschieden. Wir wissen daher nicht, wie CI-Träger tatsächlich hören; offensichtlich muss es aber dem natürlichen Hören sehr nahe kommen. Denn wenn Kinder mit CI so hören würden, wie die Simulationen klingen, wäre es ihnen unmöglich, so natürlich zu sprechen, zu singen und Musikinstrumente zu spielen, wie wir es von vielen Entwicklungsverläufen her kennen.

FM-Anlagen

Zusätzlich zu Hörgeräten und CIs kann das Hören durch eine *FM-Anlage** erleichtert werden. Die Anlage besteht aus einem Empfänger, den das Kind trägt, und einem Sender, den ein Gesprächspartner trägt: Das Kind kann damit über weitere Entfernungen und bei Umgebungslärm

FM-Anlagen erleichtern das Hören in Gruppensituationen.

besser hören. Bewährt haben sich FM-Anlagen besonders in Gruppensituationen (Kindergarten und Schule), im Alltag, z.B. im Auto, wenn der Fahrer mit dem Kind spricht, das hinten sitzt, in einer lauten S-Bahn oder bei einem Fahrradausflug. Die Anlage muss von einem erfahrenen Akustiker oder im CIC auf die Hörgeräte oder CIs abgestimmt werden. Bitten Sie um eine Probezeit von mindestens vier bis acht Wochen. Nur so kann sicher entschieden werden, ob die Anlage für das Kind zu diesem Zeitpunkt schon von Nutzen ist. Sehr wichtig ist, dass die FM-Anlage immer ausgeschaltet wird, wenn nicht mit dem Kind (oder der ganzen Gruppe) gesprochen wird. Benutzen Sie die Anlage z.B. bei einem Fahrradausflug, würde Ihr Kind, während Sie in einem Laden Proviant kaufen und dabei mit der Verkäuferin sprechen, draußen alles mithören.

Sinnvoll sind zu Beginn Spiele, bei denen das Kind den Effekt der Anlage deutlich erlebt. So können Sie z.B. die FM-Anlage beim Versteckspiel einsetzen und dem suchenden Kind über die Anlage Hinweise auf Ihr Versteck geben, wie z.B.: „Schau doch mal im Badezimmer" oder „Ich bin im Kinderzimmer."

Nebengeräusche und Distanz werden überbrückt.

Beispiel

Leonhardt erlebt durch folgendes Spiel, dass er mit seiner neuen FM-Anlage besser hören kann als seine Mutter, und bekommt so eine positive Einstellung dazu. Leonhardt geht mit seiner Mutter in einen anderen Raum. Auf einem Tablett liegen sechs Gegenstände (Hase, Krokodil, Löffel, Auto, Schere...), die er sehr gut kennt. Ich trage den Sender und wünsche mir aus dem anderen Zimmer bei geschlossenen Türen jeweils einen der Gegenstände. Leonhard kann das über seine Empfänger hören, die Mutter nicht. Eine Handpuppe nimmt die Sachen in Empfang, die er stolz bringt.

Diese Spiele dienen nur als Eingewöhnungs- und Entscheidungshilfe. Im Alltag sollte die FM-Anlage gezielt und nur bei einzelnen Aktivitäten verwendet werden. Wird die Anlage zu oft eingesetzt, lernen Kinder nicht den Umgang mit natürlichen

Hörsituationen im Alltag. Dazu gehört z.B., dass ein Geräusch aus der Entfernung leiser klingt.

Vor der Einschulung sollte die FM-Anlage vertraut sein.

Kinder, die noch ganz am Anfang ihrer Sprachentwicklung stehen, lehnen im Stuhlkreis die Anlage manchmal ab. Auch Kinder mit einer sehr guten Hör- und Sprachentwicklung tragen die Anlage manchmal nicht gerne, weil für sie der Unterschied zum Hören mit den gewohnten Hörhilfen zu gering ist. In beiden Fällen sollte zu einem späteren Zeitpunkt auf jeden Fall ein neuer Versuch gemacht werden. Schon ein halbes Jahr später kann ein Kind, das gute Fortschritte in der Sprachentwicklung macht, im Kindergarten von der Anlage profitieren. Sehr gut entwickelte Kinder, welche die Anlage im Kindergarten noch abgelehnt haben, tragen sie in bestimmten Situationen in der Schule, z.B. beim Diktat, oft gerne. Wenn die FM-Anlage abgelehnt wird, muss natürlich immer sichergestellt werden, dass kein technischer Defekt vorliegt. Kinder, die einen integrativen oder Regelkindergarten besuchen, sollten spätestens im Jahr vor der Einschulung die Möglichkeit bekommen, die Anlage ausführlich kennenzulernen – sodass sie in der (Regel-)Schule schon damit vertraut sind.

Lichtsignalanlagen sind Hilfen für ältere Kinder.

Noch eine Anmerkung zu weiteren technischen Hilfen: Für ältere Kinder, die schon einen eigenen Wecker verwenden, gibt es Lichtsignal- oder Vibrationswecker. Bei Jugendlichen und Erwachsenen helfen außerdem Lichtsignalanlagen, wenn z.B. im Notfall nachts jemand an der Wohnungstür klingelt und der Hörgeschädigte alleine in der Wohnung schläft.

Eingewöhnung von Hörgeräten und CI

Generell ist es für Ihr Kind hilfreich, wenn Sie ankündigen, was als Nächstes geschehen wird: Zeigen Sie Ihrem Kind daher die Hörgeräte oder CIs, bevor Sie diese einsetzen. Geben Sie Ihrem Kind die Hörgeräte oder CIs gleich morgens nach dem Aufwachen. Bei einer CI-Versorgung kann es vorkommen, dass dem Kind nach einer längeren Hörpause, wie am Morgen oder nach dem Mittagschlaf, der plötzliche Höreindruck unangenehm ist. (Sie kennen das: Die Lautstärke eines Radios, mit dem man abends noch Musik gehört hat, empfindet man am Morgen als unangenehm laut.) Ist dies der Fall, kann ein etwas leiseres Programm abgespeichert werden, um es für solche Situationen zu verwenden – nach etwa 15–30 Minuten können Sie dann auf das normale Programm umschalten. Sinnvoll ist in jedem Fall, Hörgeräte und CIs in ruhiger Umgebung einzusetzen und nicht im Bad neben der gerade schleudernden Waschmaschine oder dem schreienden Geschwisterkind.

Zeigen Sie dem Kind die Geräte vor dem Einsetzen.

Wenn Ihr Kind die Hörgeräte oder CIs ganz neu hat, ist es ratsam, sie dann einzusetzen, wenn Sie Zeit haben, sich mit dem Kind auch zu beschäftigen. Es hört dann Ihre Stimme und natürliche Geräusche im gemeinsamen Spiel oder bei einer anderen Beschäftigung. Erzeugen Sie aber keine künstlichen Geräusche, indem Sie z. B. mit Bausteinen laut auf den Boden klopfen.

Setzen Sie die Geräte in ruhiger Umgebung ein.

Ziel ist es, dass das Kind zu allen Wachzeiten die Geräte trägt. Die Tragezeiten, sollten je nach Kind, in den ersten Wochen langsam verlängert werden. Es gibt jedoch auch Kinder, die schon von Anfang an die Geräte problemlos ganztags tragen können.

Viele Kleinkinder wollen sogar mit den Geräten abends einschlafen: Sie fühlen sich damit sicherer und hören auch noch die Spieluhr und die letzten Gute-Nacht-Wünsche der Eltern. Nehmen Sie die Geräte dann später ab, wenn das Kind fest schläft.

Zu Beginn erkunden Säuglinge gerne die neuen „Spielzeuge", die man aus den Ohren ziehen, ansehen und in den Mund stecken kann. Außerdem lässt es sich wunderbar auf den weichen Ohrpassstücken herumkauen. Was tun, wenn die Hörgeräte rausgenommen werden? Schon wenige Monate alte Säuglinge erkennen den Zusammenhang: „Wenn ich die Hörgeräte aus dem Ohr nehme, wendet sich mir ein Erwachsener zu." Oft genügt es schon, eine Hand in Richtung Ohr zu heben und schon ist Mama da. Natürlich muss durch regelmäßige Kontrollen sichergestellt sein, dass das Kind die Geräte nicht deshalb herausnimmt, weil sie defekt sind oder die Einstellung nicht in Ordnung ist. Meist nehmen Kinder ab dem Alter von vier Monaten die Geräte oft heraus, wenn sie nur ein sehr geringes Resthörvermögen haben, und anfangen, Dinge zu erkunden, was z. B. auch heißt, dass sie ständig ihre Socken ausziehen. Wenn Sie eine Bändchen-Sicherung verwenden, können die Geräte nicht geworfen werden oder verloren gehen. Manche kleinen Entdecker finden aber genau diese Bändchen reizvoll, um daran zu ziehen, was natürlich nicht zum gewünschten Effekt führt.

Babys wollen ihre Hörgeräte erkunden.

Hörgeräte herausnehmen heißt Zuwendung bekommen.

Wenn Ihr Kind die Hörgeräte herausgenommen hat, nehmen Sie diese möglichst neutral in Empfang, legen sie zur Seite und setzen sie nach ein paar Minuten wieder ein. So bekommt Ihr Kind keine besondere Zuwendung – auch Schimpfen ist Zuwendung – und es entsteht für das Kind nicht der folgende Zusammenhang: „Ich hole meine Hörgeräte heraus und sofort beschäftigt sich jemand mit mir." Bei besonders hartnäckigen Fällen kann jedoch auch ein ganz konsequentes sofortiges Wiedereinsetzen zum Erfolg führen. Oft tragen Kinder, die ihre Hörgeräte sehr schlecht akzeptiert haben, ihre CIs von Anfang an ohne Probleme, weil sie damit erste oder deutlichere Höreindrücke bekommen.

Spracherwerb im Dialog

Kinder erwerben vom ersten Lebenstag an Sprache im Dialog. Babys kommunizieren von Anfang an intensiv mit ihrer Umwelt. Sie nehmen Blickkontakt auf, strampeln freudig, greifen nach der Kette der Mama, sie lachen, schreien und lautieren und haben eine lebendige Mimik. Sie erleben, dass sie damit Reaktionen hervorrufen und reagieren selbst auf andere Menschen: So wird Sprache erworben – mit und ohne Hörschädigung.

2

Hörgeschädigte Kinder haben besondere Bedürfnisse, sie brauchen jedoch nicht etwas Spezielles, sondern mehr vom Normalen. (nach Clark 2009, 20)

Mit dieser Feststellung sagt Morag Clark aus Großbritannien, eine Mitbegründerin des Natürlichen Hörgerichteten Ansatzes (NHA), was entscheidend ist: Alles, was Eltern intuitiv machen, um den Spracherwerb und die Gesamtentwicklung ihrer normal hörenden Kinder zu unterstützten, ist auch für hörgeschädigte Kinder der Schlüssel zu einer guten Entwicklung. Sie brauchen jedoch mehr davon, wie z.B. mehr einfühlsame Interaktion, mehr Geduld und Zeit, um sich darauf einzulassen, was das Kind mitteilen möchte, mehr inhaltlich interessante Dialoge im Alltag und Spiel, mehr Dialoge beim gemeinsamen Betrachten von Bilderbüchern, mehr Vorlesen und mehr Verse, mehr Fingerspiele und Lieder. Nicht zuletzt brauchen Eltern insgesamt mehr Geduld und Vertrauen in die eigene Kompetenz und die Entwicklungskräfte ihres Kindes. In diesem Kapitel erfahren Sie, welche Merkmale der natürlichen Eltern-Kind-Kommunikation besonders wertvoll für die Entwicklung hörgeschädigter Kinder sind und was „Mehr vom Normalen" genau meint. Außerdem finden Sie dazu im gesamten Buch unter den verschiedenen Schwerpunkten der einzelnen Kapitel praktische Anregungen.

> **Hörgeschädigte Kinder brauchen mehr vom Normalen.**

Tipp

→ *Beachten Sie bei allen Tipps, die Sie erhalten: Jeder Mensch hat seine ganz persönliche Art zu kommunizieren: Bleiben Sie Sie selbst – Kinder spüren in jedem Alter sehr genau, ob Sie sich ihnen gegenüber wirklich natürlich verhalten.*

Aufnahmebereitschaft

Das Kind nicht mit Sprache „berieseln", sondern mit ihm ins Gespräch kommen.

Bevor Eltern mit ihrem Baby sprechen, beachten sie intuitiv, ob ihr Kind überhaupt aufnahmebereit ist. Dazu prüfen sie z. B., ob das Kind Blickkontakt aufnehmen möchte, ob es einen Finger, der in sein Händchen gelegt wird, fest umfasst, ob es lautiert und was seine Mimik ausdrückt. Sie erkennen daran, wie wach und aufmerksam ihr Kind ist und sprechen dann entweder eher viel und lebendig oder eher wenig und leise mit ihm.

Gleichzeitig wird oft schon im ersten Diagnosegespräch betont, wie wichtig es sei, viel mit dem hörgeschädigten Kind zu sprechen. Beides ist wichtig: Darauf zu achten, ob das Kind aufnahmebereit ist und mit dem Kind viel sprechen, indem Kommunikationssituationen im Alltag und Spiel genutzt werden. Doch ein ständiges Sprechen, ohne mit dem Kind wirklich ins Gespräch zu kommen, verringert die Höraufmerksamkeit auf die Sprache, und das Kind schaltet irgendwann innerlich ab.

Der Blickkontakt zeigt, ob das Baby aufnahmebereit ist.

Das gilt natürlich auch für ältere Kinder. Wenn Eltern durch die Empfehlung, viel zu sprechen, unter Druck stehen, beachten sie die Signale des Kindes nicht mehr ausreichend, was besonders im Säuglingsalter problematisch ist. Wenn das Baby sich abwendet, weil es gerade eine Pause braucht oder einfach müde ist, wird oft erneut der Blickkontakt von den Eltern gesucht und weiter mit dem Kind gesprochen. Abgesehen davon, dass das Interesse an der Sprache dadurch abnimmt, lernt das Kind nicht, seine Bedürfnisse selbst zu regulieren. Das Baby wird nicht darin unterstützt, zu zeigen, wie es ihm geht und was es gerade braucht, wie z.B.: Wenn ich zu viele Eindrücke bekomme, wende ich mich ab und erhalte eine Pause.

Sichern Sie die Aufmerksamkeit des Kindes.

Beispiel

Der 18 Monate alte Felix sitzt im Zimmer auf dem Boden und räumt seine Spielkiste aus. Er ist am Anfang seiner Hörentwicklung und nimmt noch nicht wahr, dass hinter ihm die Tür aufgeht, die Nachbarin reinkommt und sich ihm nähert. Plötzlich wird ihm über das Haar gestreichelt. Das ist wie ein „Filmriss". *Plötzlich, ohne Ankündigung, ist die Situation eine ganz andere. Besser ist es, wenn die Mutter zu ihm geht, Blickkontakt aufnimmt, auf die Nachbarin zeigt und sagt:* „Felix schau, wir haben Besuch", *bevor der Besuch ihn berührt oder vor ihm steht.*

Bei älteren Kindern ist es zu Beginn der Hör- und Sprachentwicklung sinnvoll, die Höraufmerksamkeit im Dialog herzustellen, indem man das Kind mit seinem Namen anspricht und dadurch einen Blickkontakt herstellt. Im nächsten Entwicklungsschritt brauchen Kinder das nicht mehr bzw. nur, wenn sie gerade sehr abgelenkt sind.

Wichtige Dialogmerkmale

Die Muttersprache

Für eine natürliche Interaktion ist es wichtig, dass Eltern mit ihrem hörgeschädigten Kind in ihrer Muttersprache sprechen, in der sie entspannt, fließend, variationsreich, emotional und fehlerfrei kommunizieren können. Dazu gehört auch die natürliche Körpersprache. Diese wird, wie die Muttersprache, intuitiv eingesetzt und im Gegensatz zu Gebärden allgemein verstanden. Auch mit normal hörenden Kindern wird in den ersten Lebensjahren deutlich lebendiger, d. h. mit mehr Mimik und Gestik gesprochen, als mit älteren Kindern. Nicht zuletzt sind die frühen Dialoge für die Bindungs- und Beziehungsentwicklung entscheidend, die wiederum die Basis für die Sprachentwicklung darstellen.

Muttersprache ist entspannt, fließend, variationsreich, emotional und fehlerfrei.

„Vor allem in der ersten Phase des Spracherwerbs kommt der Muttersprache eine bedeutende Funktion zu. Sie dient der Kommunikation auf sozialer Ebene, der Wissensvermittlung, der angemessenen sozialen und emotionalen Entwicklung und der Vermittlung kultureller Werte" (Diller, 2010, 8).

Aus diesem Grund besteht in der Regel gar keine Wahl, ob in einer kroatischen Familie, die in Deutschland lebt, kroatisch oder deutsch mit dem Kind gesprochen werden soll, weil nur Kroatisch als Muttersprache fließend beherrscht wird. In vielen Regionen und Ländern gehören mehrere Sprachen zum Alltag, wie z. B. in Südtirol Italienisch und Deutsch. Sprechen Eltern unterschiedliche Sprachen, sollten diese möglichst konsequent von der jeweiligen Person verwen-

Auch Dialekte sind Muttersprache.

det und nicht miteinander vermischt werden. In der Bilingua-
lismusforschung zu zwei verschiedenen Lautsprachen ist es
inzwischen unbestritten, dass ein kompetentes muttersprach-
liches Angebot entscheidend für die Entwicklung der Kinder ist.
Dies zeigt sich auch in der Logopädie, wo muttersprachliche
Therapeuten immer mehr gefragt sind. Diese können die Kinder
im Erwerb ihrer Muttersprache unterstützen und so eine gute
Grundlage für den Erwerb einer zweiten Sprache schaffen. Außerdem haben muttersprachliche Therapeuten einen besseren
Zugang zu den Eltern und ihren (sprachlichen) Kompetenzen.
Entscheidend ist, wie in der jeweiligen Sprache mit dem Kind
kommuniziert wird, d.h. wie auf das Kind eingegangen wird
und ob es zu echten Dialogen kommt. Grundsätzlich können
hörgeschädigte Kinder zweisprachig, mit zwei Lautsprachen,
aufwachsen. Ob dadurch die Sprachentwicklung deutlich langsamer verläuft und erschwert wird, hängt z.B. vom Zeitpunkt
der Diagnose ab, und ob das Kind zusätzliche Entwicklungsbeeinträchtigungen hat.

Für Kinder gehörloser Eltern, die über die *Deutsche Gebärdensprache (DGS)** kommunizieren, ist die DGS ihre Muttersprache.
Normal hörenden Eltern zu empfehlen, „einfach"
von Anfang an beide Sprachen (Laut- und Gebär-
densprache) anzubieten, noch bevor sie wissen, **Gebärdensprache ist für
hörende Eltern eine
Fremdsprache.**
wie die Hör- und Lautsprachentwicklung ihres
Kindes verläuft, bedeutet für diese Eltern, mit
dem Kind zusätzlich in einer komplexen Fremdsprache zu kommunizieren, die sie selbst erst
lernen müssen. Dies ist keineswegs „einfach". Außerdem wird
den Eltern damit vermittelt, dass ihre eigene Sprachkompetenz
nicht ausreicht, um mit dem Kind zu kommunizieren.

Das Argument, dass eine bilinguale Erziehung doch immer positiv sei, wie bei einem Kind, das in der Familie mit zwei Lautsprachen aufwächst, ist hier nicht zutreffend, da bei etwa 90 % der hörgeschädigten Kinder die Gebärdensprache nicht die Muttersprache eines Elternteiles ist. Immer wieder wird darauf hingewiesen, dass Kinder Gebärden brauchen, wenn sie ihre Hörtechnik nicht tragen, wie z. B. im Schwimmbad. Gemessen an der Lebenszeit, die ein Kind ohne Hörtechnik verbringt, steht es in keinem Verhältnis, Eltern zu empfehlen, zusätzlich über ein völlig neues Sprachsystem zu kommunizieren. Außerdem sprechen Kinder einfach weiter, wenn sie ihre Geräte mal kurz nicht tragen. Die meisten können zudem gut von den Lippen ablesen. Beim Schwimmen, Tauchen, Rutschen und Springen ist Sprache sowieso nur sehr zweitrangig. Die Mutter, die am Beckenrand steht und über Gesten zeigt, dass das Kind rauskommen soll, wird immer verstanden. Auch die Mütter normal hörender Kinder verhalten sich in so einer Situation nicht anders. In der Regel tragen die Kinder bis zum Einschlafen Hörgeräte oder CI und bekommen diese morgens nach dem Aufwachen wieder angelegt. Da heute die beidohrige Versorgung die Standardversorgung ist, hören die Kinder selbst dann noch, wenn ein Gerät mal ausfallen sollte.

Heißt das, dass Gebärden grundsätzlich nicht verwendet werden sollten? Nein. Gebärden können hilfreich sein; die Entscheidung sollte jedoch immer sehr gut überlegt und mit den Fachleuten ausführlich besprochen werden. Besonders empfehlenswert ist es, wenn über Frühförderstellen eigene Kurse angeboten werden, in denen auf die spezielle Form und den Wortschatz der frühen Eltern-Kind-Interaktion eingegangen wird, denn Gebärdenkurse orientieren sich im Allgemeinen an den Dialogen und dem Wortschatz Erwachsener.

Gebärdenkurse sollten auf die frühe Eltern-Kind-Kommunikation abgestimmt sein.

Wenn Sie Gebärden verwenden, weil Ihr gehörloses Kind z.B. aufgrund einer sehr späten Diagnose oder starker zusätzlicher Entwicklungsbeeinträchtigungen Lautsprache nur sehr langsam oder gar nicht entwickelt, dann sind neben allen anderen Aspekten zum Spracherwerb im Dialog folgende Punkte zu beachten:

▶ Besonders bei Kindern mit zusätzlichen Entwicklungsbeeinträchtigungen muss ein Gebärdensystem verwendet werden, das für das Kind langfristig passend ist, also z.B. im Kindergarten und später auch in der Schule angewandt wird: vereinfachte, einrichtungsinterne Gebärden, *GuK** (Gebärdenunterstütze Kommunikation nach Etta Wilken), *Fingeralphabet**, *LBG**, *LUG** oder *DGS**. Einige Gebärden aus den unterschiedlichen Systemen sind gleich, andere verschieden. Hinzu kommen je nach Region verschiedene Gebärdendialekte.

▶ Alle engen Bezugspersonen (Familie, Freunde Erzieherinnen in Krippe und Kindergarten) müssen die Entscheidung mittragen, d.h. die Gebärden verwenden und verstehen, was das Kind gebärdet.

▶ Das Kind sollte Kontakt zu anderen Kindern oder Erwachsenen haben, die Gebärden (muttersprachlich) verwenden, so wie dies auch für das Erlernen anderer Sprachen wichtig ist.

▶ Werden nur einzelne Gebärden unterstützend verwendet, ist darauf zu achten, dass das Sprachniveau insgesamt hoch genug bleibt. Häufig ist der Gebärdenwortschatz hörender Bezugspersonen sehr gering. Dadurch besteht die Gefahr, dass diese wenigen Gebärden immer wieder benutzt werden und deshalb auch die Lautsprache auf einem niedrigen Niveau bleibt, ohne Variationen und emotionale Ausdrücke. Gerade zu Beginn der Sprachentwicklung ist es aber entscheidend, dass z.B. auf einer gemeinsamen Zugfahrt nicht nur gefragt wird: „Bist du müde?", sondern „Oh, je, was ist denn los? Dir fallen ja schon die Äuglein zu. Bist du so müde? Bald sind wir bei der Oma, es dauert nicht mehr lange. Hier ist dein Kuscheltuch."

Alle Bezugspersonen müssen die Entscheidung, Gebärden zu verwenden, mit tragen.

▶ Fällt es Kindern z.B. aus motorischen Gründen schwer, Gebärden zu erlernen, bietet es sich an, verschiedene Möglichkeiten der Unterstützten Kommunikation (UK) mit einzubeziehen, wie z.B. Bildkartensysteme, Zeigetafeln und Kommunikationscomputer, und diese evtl. auch zu kombinieren.

Seit einiger Zeit werden Kurse in Baby-Zeichensprache für normal hörende Eltern normal hörender Kinder angeboten, damit diese mit ihren Kindern im ersten Lebensjahr besser kommunizieren können. Dies bedeutet auf dem Markt der Materialien zur Säuglingsförderung eine weitere Verunsicherung junger Eltern, die (auch wissenschaftlich) nicht nachvollziehbar ist: Weltweit kommunizieren Eltern seit Jahrtausenden intensiv und erfolgreich mit ihren Babys, bevor diese ihre ersten Wörter sprechen. Wie das im Detail aussieht, erfahren Sie u.a. in den folgenden Kapiteln.

Blickkontakt

Für Babys ist neben dem Körperkontakt der Blickkontakt die wichtigste Verbindung zu anderen Personen. Eltern tun alles, um Blickkontakt mit ihrem Baby aufzunehmen und diesen aufrechtzuerhalten. Das ist neben dem Spracherwerb auch wichtig für die Beziehungsentwicklung. Guck-Guck-Spiele in allen Variationen sind daher bei Eltern und Kindern in dieser frühen Zeit gleichermaßen beliebt. Krabbelverse für Babys enden häufig mit Berührungen im Gesichtsbereich. Dies ist kein Zufall: Eltern fördern damit ganz intuitiv die Aufmerksamkeit des Kindes auf das Gesicht und damit wiederum den Blickkontakt.

Babys brauchen Blickkontakt.

Doch wie ist es, wenn die Kinder älter werden? Wenn Menschen sich beim Sprechen ansehen, zeigen sie Interesse am Gesprächspartner und bekommen durch die Mimik, Gestik und Sprechbewegungen zusätzliche Informationen. Mit Kleinkindern auf Augenhöhe zu sprechen ist deshalb im doppelten Sinne wertvoll.

Die Empfehlung, mit hörgeschädigten Kindern nur zu sprechen, wenn Blickkontakt besteht, ist heutzutage jedoch nicht mehr gültig. Das zusätzliche Absehen der Sprache vom Mund ist für die meisten Kinder nicht mehr nötig, um Sprachverständnis zu erwerben. Nur zu sprechen, wenn ein Blickkontakt besteht, bereitet die Kinder nicht auf die Kommunikation im Alltag vor. Das würde außerdem dazu führen, dass mit dem hörgeschädigten Kind viel weniger gesprochen wird als mit einem normal hörenden Kind. Die Erwachsenen müssten dabei ständig bewusst Äußerungen unterdrücken, was unnötig anstrengend wäre.

Sprechen Sie mit Ihrem Kind auf Augenhöhe.

Handlungsbegleitendes Sprechen ist neben dem reinen Dialog elementarer Bestandteil einer natürlichen Interaktion. Beim Anziehen und Wickeln, beim Tischdecken, beim Spielen, beim Spaziergang, beim Einkaufen usw. sprechen Eltern mit ihren Kindern und umgekehrt. Dabei wird immer wieder Blickkontakt aufgenommen, oft richtet sich aber der Blick auf die Handlung, auf die Gegenstände oder die anderen Personen. Dazu drei Beispiele:

Ausschließlich mit Blickkontakt zu sprechen ist nicht natürlich.

Beispiel

Beim Wickeln hat ein 20 Monate altes Kind den Deckel der Cremedose in der Hand, schaut diesen an und sagt: „Baby." Die Mutter sagt: „Zeig mal!", sieht sich zusammen mit dem Kind den Deckel an und bestätigt: „Ja, da ist ein kleines Baby drauf."
Ein Kind beobachtet eine Ameise. Die Oma kommt dazu, beide blicken auf die Ameise und die Oma sagt: „Schau mal, wie groß die Tannennadel ist. So eine Ameise ist ganz schön stark."
Ein Kind versucht, sich einen Schuh anzuziehen, der Vater steht neben ihm in der Garderobe. Beide blicken auf den Schuh und der Vater sagt: „Ich glaube, der gehört an den anderen Fuß."

Sprachmelodie und Betonung

Die Sprache mit Babys ist kontrastreich.

Insgesamt ist die Sprache der engsten Bezugspersonen auf ihre prosodischen Merkmalen bezogen sehr ausgeprägt und lebendig. *Prosodie** ist die Bezeichnung für alle Elemente der gesprochenen Sprache, die dafür ausschlaggebend sind, wie wir etwas sagen. Das sind die Sprachmelodie, die Betonung im Wort und im Satz und die Pausen zwischen den Wörtern und Sätzen. Dieses „Wie wir etwas sagen" bestimmt in hohem Maße den Inhalt mit, z.B. ob es sich um eine Frage oder Aussage handelt und in welcher Stimmung gesprochen wird. Eine Mutter spricht mit anderer Melodie und Betonung, wenn sie unter Zeitdruck sagt: „Gleich mein Schatz, ich muss schnell zur Tür", als wenn sie das Baby im Arm hält und mit ihm scherzt.

Tonhöhenkontraste erleichtern das Hören.

Mit Babys wird nicht nur höher gesprochen, es werden auch größere Sprünge in der Tonhöhe gemacht. Wird etwa vom Vater tröstend gesagt: „Ist ja wieder gut", werden die ersten drei Wörter sehr hoch und das „gut" sehr tief und damit beruhigend gesprochen. Dazu kommen die starken Kontraste in der Lautstärke; manche Wörter im Satz werden betont laut, andere betont leise gesprochen. Auch der Rhythmus der Sprache wird stark betont, und es wird insgesamt etwas langsamer gesprochen. Kurz, die Sprache mit dem Baby und dem Kleinkind ist sehr gefühlsbetont und lebendig. Dieses „Motherese", wie die Sprache mit dem Baby genannt wird, ist ideal für hörgeschädigte Kinder: Die starken Kontraste in der Sprachmelodie, der Lautstärke und der Betonung erleichtern die Hörwahrnehmung, besonders in der ersten Phase der Hörentwicklung. Die Prosodie der Sprache wird verstanden, lange bevor Sprachverständnis im engeren Sinne erworben wird. Ein weiterer Aspekt ist, dass Kinder die Sprachmelodie und Betonung übernehmen, die sie hören. Sprechen wir mit angestrengter Stimme, zu laut und übertrieben deutlich, kann das Kind selbst auch keine natürliche Prosodie entwickeln. Die Erfahrung zeigt, dass ein Sprechen, bei dem die Betonung im Wort und Satz und die Sprachmelodie natürlich sind, gut verstanden wird, auch wenn noch einige Sprachlaute vertauscht oder ausgelassen werden. Dagegen klingt ein Sprechen mit korrekter Aussprache, aber monotoner Sprachmelodie und fehlerhafter Betonung unnatürlich und schwer verständlich.

Auch für spät diagnostizierte Kinder oder Kinder, die aufgrund von zusätzlichen Entwicklungsproblemen langsamer zur Sprache kommen, ist es sehr wichtig, dass emotional und lebendig gesprochen wird, weil sie daraus viele Informationen entnehmen können. Früher wurde Eltern empfohlen, ganz einfach und in kurzen Einheiten zu sprechen, wenn Kinder sich langsam entwickelten. Dabei gingen genau die beschriebenen Elemente verloren: In einer Zwei-Wort-Äußerung, wie „Mehr Pudding?", sind nicht viel Sprachmelodie und Betonung mög-

Sprechen Sie lebendig und emotional.

lich. Kinder bekommen durch eine vereinfachte Sprache nicht mehr, sondern weniger Informationen. Dazu noch ein weiter Aspekt:

Beispiel

In der Kindergartengruppe ist gerade Unruhe, weil einige Kinder rausgehen und andere noch den Frühstückstisch abräumen. Wenn die Erzieherin zu Max sagt: „Max, komm bitte mit raus", ist das für ihn schwieriger zu verstehen, als wenn sie sagt: „Max, komm bitte mit, wir gehen nach draußen in den Garten. Wir wollen doch noch Kastanien sammeln." Bei der zweiten Aufforderung kann Max aus mehreren Wörtern entnehmen, was gleich passieren wird. Falls er das Wort „draußen" nicht gehört oder verstanden hat, kann er aus „Garten" und „Kastanien sammeln" den Inhalt kombinieren. Daher sollten wichtige Aussagen so formuliert werden, dass der Inhalt durch mehrere Begriffe transportiert wird

Sprechen Sie deutlich, aber nicht überartikuliert.

Sprechen Sie nicht lauter mit Ihrem Kind. Hörgeräte und CIs sind auf eine normale Sprechlautstärke eingestellt. Lauter sprechen ist anstrengender und Ihre Sprachmelodie und Aussprache verändern sich und sind nicht mehr natürlich. Das Gleiche gilt für die Deutlichkeit: Wenn Sie übertriebene Mundbewegungen machen, um deutlicher zu sprechen, wird Ihre Sprache unnatürlich und angestrengt und auch das Absehen der Sprache wird erschwert. Deutlich sprechen heißt auch nicht, so zu sprechen wie ein Wort geschrieben wird. „Fenster" wird korrekt „Fensta" und „Tier" wird korrekt „Tia" gesprochen.

→ *Sprechen Sie mit Ihrem Kind, auch wenn Sie noch keine Hörreaktionen beobachten können. Dies ist zu Beginn nicht einfach, weil Ihr Kind Ihnen nicht zeigt, ob Sie es mit Ihrer Stimme erreichen können. Andererseits ist Ihr Kind besonders in dieser ersten Phase darauf angewiesen, dass Sie mit ihm sprechen: Nur so kann es lernen, auf Ihre Stimme zu reagieren und später zu verstehen, was die Wörter bedeuten. Wenn Sie sprachlich mit Ihrem Baby kommunizieren, verhalten Sie sich auch in Ihrer Mimik und Gestik wesentlich natürlicher, als wenn Sie nur über Blickkontakt und Berührung Kontakt aufnehmen.*

Thema und Sprachniveau

Ihr Kind erwirbt Sprachverständnis, bevor es selbst Wörter spricht. Die Bedeutung von Wörtern und Sätzen wird nur klar, wenn eine echte Kommunikation stattfindet. Dazu gehört, dass die Gesprächspartner abwechselnd Beiträge bringen, aufeinander eingehen und über dasselbe Thema sprechen.

Dialoge entwickeln sich, wenn man ein gemeinsames Thema findet.

Beispiel

Der 2-jährige Patrick spielt mit seinem Vater. Sie lassen bunte Plastikfrösche springen. Der Vater macht auf die Farben aufmerksam und darauf, dass Frösche quaken. Patrick findet es dagegen lustig, dass sie so hoch und weit hüpfen. Der Vater bemerkt, dass Patrick gar nicht auf seine sprachlichen Kommentare achtet, geht auf dessen Thema ein, und sie kommen sofort darüber ins Gespräch, welcher Frosch gerade besonders weit oder hoch gesprungen ist.

Die gemeinsame Aufmerksamkeit

▶ Sich mit dem gleichen Material zu beschäftigen, heißt nicht automatisch, über das gleiche Thema zu sprechen.

Die gemeinsame Aufmerksamkeit auf ein Thema ist die Grundlage für jeden Dialog.

Thema und Material müssen immer zum Alter und Interesse des Kindes passen. Macht ein Kind mit sechs Jahren z.B. noch häufig Grammatikfehler, sollte man keine Bücher für Kleinkinder verwenden, wo sich Handlungen und damit auch die Sätze und Grammatikformen stark wiederholen. In diesem Alter sind z.B. Fußballkarten interessant oder ein Bild im Sportteil der Zeitung. Dialoge dazu, wie etwa welcher Spieler heißt oder wer wie viele Tore geschossen hat, bieten ebenfalls natürliche Satzmusterwiederholungen und sind inhaltlich zum Alter passend.

Thema und Material müssen zum Alter passen.

Eltern fragen zu Beginn häufig, wie hörgeschädigte Kinder abstrakte Begriffe oder schwierige Wörter lernen, die je nach Situation unterschiedliche Bedeutungen haben. Wie ein normal hörendes Kind lernt es diese Wörter, indem es sie im jeweiligen Zusammenhang oft genug erlebt. Dazu gehört z.B., dass man im Alltag, im Spiel und am Bilderbuch Gefühle benennt. Nicht selten sagen Kinder „der weint" oder „der lacht", kennen aber nicht die Begriffe „traurig, froh, ärgerlich, wütend, stolz...". Hier noch ein anderes Beispiel:

Beispiel

Mit der 5-jährigen Anna basteln wir ein Spiel mit Klebepunkten. Sie hat sich bunte, durchsichtige Punkte ausgesucht. Da ich vermute, dass das Wort „durchsichtig" noch nicht zu ihrem sicheren Wortschatz gehört, betone ich „Da hast du dir aber schöne Punkte ausgesucht, die sind ja bunt und durchsichtig. Da, wo du sie übereinander geklebt hast, sieht man die andere Farbe durchscheinen." Als am Ende alle Punkte aufgebraucht sind, sage ich:

„Schau, die Punkte sind genau aufgegangen, keiner ist mehr übrig." Anna weiß schon, dass Schuhe aufgehen können, dass ein Behälter nicht aufgeht, dass die Mutter sagt „Geht schon, probier noch mal", dass eine Uhr geht oder dass man eben irgendwohin geht. Das Wort „aufgehen" im Sinne von „nichts übrig bleiben" war für sie jedoch neu. In der konkreten Situation konnte sie verstehen, was damit gemeint ist.

Tipp

→ Hörgeschädigte Kinder müssen Wörter oft genug im Zusammenhang gehört haben, um ihre Bedeutung zu verstehen und sie selbst zu verwenden. Eine Vereinfachung der Sprache ist daher keine Hilfe, sondern erschwert den Spracherwerb.

Eltern sind oft sehr erleichtert, wenn ihr Kind so gute Fortschritte macht, dass vertraute Alltagssituationen sprachlich geregelt werden können. Das ist meistens der Fall, wenn die Kinder Verbindungen aus zwei bis vier Worten sprechen, wie z.B. „Fabian auch Brezel" oder „Nein, Bagger anschauen". Das Sprachniveau von Eltern normal hörender Kinder ist unbewusst immer etwas höher als der aktuelle Entwicklungsstand des Kindes. Eltern hörgeschädigter Kinder sind zu Beginn der Sprachentwicklung manchmal vorsichtiger. Sie verwenden Formulie-

Bei guten Fortschritten weiter auf das eigene Sprachniveau achten.

rungen, die Ihr Kind sicher versteht, und wiederholen bestätigend die Äußerungen des Kindes, ohne sie jedoch zu erweitern. Sie machen das unbewusst, um damit die Kommunikation abzusichern, da es beruhigend ist zu erleben, dass die Verständigung in bestimmten Situationen schon gut gelingt.

Beispiel

Die 3-jährige Pia ist eine begeisterte Puppenmutter. Sie zeigt ihrer Oma ein Puppenkleid, an dem ein Knopf abgegangen ist, und sagt: „Schau mal Oma, apu!" Die Oma freut sich, dass Pia schon vier Wörter kombiniert und sagt: „Oh ja, das ist kaputt. Den Knopf können wir aber wieder annähen." Sie erweitert die Aussage des Kindes, indem sie u. a. die Wörter „Knopf" und „annähen" verwendet. Außerdem hört Pia, wie „kaputt" richtig ausgesprochen wird. Da Kinder zu Beginn das Wort „kaputt" oft sehr viel und generalisiert für alle möglichen Dinge verwenden, die nicht in Ordnung sind, wäre hier eine gute Gelegenheit, das Wort zu bestätigen, und zusätzlich ein geeigneteres Verb anzubieten: „Was ist kaputt? Zeig mal. Oh, der Knopf ist abgegangen. Das ist nicht schlimm. Den können wir wieder annähen."

Auch Wörter wie „Cappuccino", „Sandalen" oder „Monstertruck" verwenden Kinder nur, wenn sie diese auch hören und nicht nur „Kaffee", „Schuhe" oder „Auto" gesagt wird. Dass der Riesenlaster zunächst „Monschatack" ausgesprochen wird, ist ganz normal (Kap. 4).

Bei Bilderbüchern passen Eltern das Niveau dem Entwicklungsstand des Kindes unbewusst an. Wenn ein Kind gerade seine ersten Wörter spricht, wird z. B. im Bilderbuch „Aua! brummt der Bär" (Serviceteil), in dem sich verschiedene Tiere auf unterschiedliche Weise wehtun, „aua" für Schmerz und „eiei" zum Trösten betont. Bei einem Kind, das schon weiter entwickelt ist, können die unterschiedlichen Verben und Körperteile im Dialog über die Bilder betont werden: Das Schwein hat sich am Bauch gekratzt, die Maus hat sich den Fuß an einem Stein angestoßen und ist gestolpert und der Bär ist von der Biene in die Pfote gestochen worden.

Manchmal wird Eltern empfohlen, immer in ganzen Sätzen zu sprechen. Dies entspricht nicht dem Charakter der gesprochenen deutschen Spontansprache und würde sehr unnatürlich klingen. Wenn das Kind den Opa fragt, wann der Zug kommt, sagt dieser: „In zehn Minuten." Die Antwort auf die Frage nach dem Namen heißt z.B. „Lukas" und wenn eine Mutter bei Tisch schimpft: „Spiel nicht mit dem – hey, das Glas fällt gleich runter!", verwendet sie einen sogenannten *Neuansatz*, der in der gesprochenen deutschen Sprache völlig üblich ist.

Immer in ganzen Sätzen sprechen ist unnatürlich.

Tipp

→ *Wenn Sie Ihr Kind loben, verwenden Sie nicht nur „super, toll, prima…",*
sondern sagen Sie, was es gerade gut gemacht hat: „Du hast alleine die
Jacke angezogen, super!", „Die Blume hast Du aber schön gemalt!", „Ja,
genau, der Apfel kommt auch in die Frühstücksdose. Das weißt du schon."
Da Kleinkinder häufig gelobt werden, ergeben sich dadurch viele Sprachan-
lässe und Wiederholungen. Wenn Sie schimpfen, ist es passender zu sagen:
„Hast Du mich verstanden?!" oder „Hast du mir zugehört?!" anstatt „Hast
du mich gehört?!".

Pausen

Sprechpausen sind wichtig. Sie geben dem Kind Raum, Gedanken zu entwickeln und zu formulieren. Außerdem leiten Pausen einen Sprecher-

Sprechpausen locken Sprache hervor.

wechsel ein. Es besteht leicht die Gefahr, dass man zu Beginn der Sprachentwicklung zu viel spricht, um das Kind anzuregen, und zu wenig Sprechpausen macht, in denen das Kind die Chance hat, etwas zu sagen.

Warten Sie nach Fragen geduldig ab und helfen Sie nicht zu schnell bei der Antwort. Bei Fragen durch andere Personen antworten Eltern oft für das Kind, wenn dieses nicht sofort reagiert. Auch hier ist es gut, zunächst etwas abzuwarten. Da Kleinkinder bei weniger vertrauten Bezugspersonen, z.B. einer Nachbarin, eher zurückhaltend sind, können Sie die Frage noch mal wiederholen: „Anna, Frau Müller hat gefragt, wie alt du schon bist. Wie alt bist du denn schon?" Wie immer kommt es auch hier darauf an, dass in einem freundlichen, zugewandten Tonfall gesprochen wird. Kommt auch dann keine Antwort, hilft man dem Kind natürlich und gibt die Antwort selbst. Ist die Person völlig fremd und das Kind fühlt sich sichtlich unwohl, z.B. in einem Geschäft oder bei einem neuen Arzt, hilft man natürlich schneller, wie man es auch bei einem normal hörenden Kind machen würde.

Warten Sie nach Fragen ab.

Tipp

→ *Spricht Ihr Kind gerade seine ersten Wörter, regen Situationen, in denen etwas anders verläuft als erwartet, z.B. kurze Verzögerungen von Handlungen, das Kind zum Sprechen an: Eine Kugel wird in der Kugelbahn mit dem Finger gestoppt; Seifenblasen werden nicht sofort noch mal gepustet; beim Füttern kommt der nächste Löffel nicht gleich hinterher.*

Kinder ergänzen gerne Aufzählungen oder Textzeilen aus Liedern, Versen oder Bilderbuchtexten. Auch im Alltag locken Eltern ihre Kinder damit zum Sprechen: „Weißt du noch? Heute

Nachmittag kommt die ...?" „Oma!" oder „Erzähl dem Papa, was wir heute gesehen haben: Einen großen Bagger, einen großen Betonmischer und einen ganz hohen ...?" „Kran!" Das Wort „los" gehört oft zu den ersten 20 Wörtern. Wenn Kinder Anfangskommandos, wie „1, 2, 3 ..." oder „Achtung, fertig ..." mit „los!" ergänzen, bewirken sie mit Sprache etwas: Die Schaukel wird angeschubst, ein Spielzeugauto saust los, die Kugel in der Kugelbahn startet oder ein Wettlauf mit dem Bruder beginnt.

Wiederholung und Imitation

Eltern wiederholen im Dialog mit ihren normal hörenden Babys und Kleinkindern wichtige Inhalte immer wieder.

Beispiel

Die acht Monate alte Barbara liegt auf ihrer Krabbeldecke und spielt mit ihren Füßen. Der Vater sagt: „Sind schon wieder die Socken dran? Ziehst du schon wieder deine Socken aus? Ja, da musst du fest ziehen, fest. Krieg ich die Socken, schenkst du dem Papa die Socken?"

Diese natürliche Wiederholung ist für hörgeschädigte Kinder zu Beginn des Spracherwerbs sehr wichtig. Eltern sprechen in dieser frühen Zeit mehr handlungsbegleitend und über ihre Gedanken: „Wo ist denn der Kugelschreiber? Ach, da am Fensterbrett." oder „So, jetzt noch eincremen und dann sind wir gleich fertig." Auf diese Weise hören Kinder immer wieder passende Wörter und Sätze in den sich wiederholenden Alltagssituationen. Haben sie Wörter in der Kommunikation im Alltag häufig genug im Zusammenhang mit der jeweiligen Situation gehört, lernen sie deren Bedeutung zu verstehen. Für ein hörgeschädigtes Kind ist dies der entscheidende Schritt!

Eine andere Form der Wiederholung ist die Nachahmung (*Kap.4*).

Beispiel

Matthias, acht Wochen alt, liegt auf dem Wickeltisch und kommuniziert intensiv mit seiner Mutter. Die beiden ahmen gegenseitig Mundbewegungen nach: Den Mund auf- und zumachen und die Zunge rein- und rausstrecken. Dazu quietscht das Kind freudig, die Mutter macht auch das nach und kommentiert: „Ja, was du schon alles kannst!"

Im Lautier-Dialog ahmen die Eltern die Silben der Kinder nach, wie z.B. „ärä-ärä-ärä" und bieten dazu neue an, wie z.B. „ba-ba-ba". Alle Kinder auf der Welt lautieren zunächst gleich. Indem die Eltern die Laute und Silben ihrer Kinder aufgreifen und nachahmen, hören die Kinder die typischen Laute ihrer Sprache. Ein spanischer Vater imitiert ein „ärä" anders als ein chinesischer oder deutscher. Anschließend ahmen die Kinder wieder ihre Eltern nach und erwerben so die typischen Laute ihrer Sprache.

Eltern imitieren ihre Kinder.

Tipp

→ *In den ersten Lebensmonaten hat Nachahmung primär eine soziale Bedeutung. Später geschieht sie bewusst und ist u.a. ein Bestandteil des Spracherwerbs.*

→ *Kinder können Imitationsverhalten nur entwickeln, wenn darauf vom Säuglingsalter an reagiert wird.*

Die Wiederholung durch die Eltern ist noch aus anderen Gründen wichtig: Durch die Wiederholung in Form einer Frage sichern sich Eltern ab, ob sie die Äußerung des Kindes richtig verstanden haben: „Willst du kein Würstchen mehr?" oder „Hat dein Freund Luca heute im Kindergarten Geburtstag gefeiert?".

„Mama schau, Hubrauber! Liegt ganz hoch!", sagt der 3-jährige Florian begeistert und zeigt zum Himmel. Die Mutter reagiert darauf: „Ja, da ist ein Hubschrauber. Der fliegt aber ganz schön hoch."

Florian erlebt, dass auf sein Sprechen eingegangen wird. Die Mutter zeigt ihm durch die Wiederholung: „Ich habe dir zugehört, ich habe dich verstanden und ich bin gleicher Meinung." Außerdem verwendet sie intuitiv das so genannte *„Corrective Feedback"**: Sie wiederholt Florians Äußerungen in der richtigen Form, indem sie z.B. Wörter ergänzt („Ja, da ist ein...") und die korrekte Aussprache („Hubschrauber, fliegt") verwendet. Florian hört seine Äußerung noch mal in korrekter Form, wird jedoch nicht direkt korrigiert oder zum Nachsprechen aufgefordert. Die Mutter kritisiert damit nicht seine Äußerung, sondern bietet ihm ein Sprachmodell.

> **Die Wiederholung ist für das Kind ein Sprachmodell.**

Tipp

→ *Unterbrechen Sie Ihr Kind nicht beim Sprechen, um es zu korrigieren, auch wenn die Korrektur indirekt über das Corrective Feedback geschieht.*

Ist das Kind schon etwas weiter in seiner Sprachentwicklung, kann im Corrective Feedback ein Wort besonders betont werden, was nicht korrekt gesprochen oder ausgelassen wurde. So sagte Mateo neulich an der Garderobe zu den verschiedenen Haken: „Der Haken ist Mateo und der ist Mama." Die Mutter nahm das auf und sagte: „Genau, dieser Haken ist *für* deine Jacke und dieser ist *für* meine." Dabei ist es wichtig, anschließend den Satz noch mal richtig betont zu sprechen. Häufig imitieren Kinder spontan die richtige Form. Machen sie es nicht, hat dies einen Grund: Entweder sind sie in ihrer Entwicklung noch nicht so weit oder sie möchten in diesem Moment die Äußerung nicht wiederholen. Das trifft auch auf spontane Äußerungen des Kindes zu. Wir können durch interessante Themen Sprache hervorlocken, aber nicht erzwingen. Das, was das Kind spricht, sollte in ihm gewachsen und nicht eine antrainierte Sprachfloskel sein, die es auf Aufforderung von sich gibt.

Nicht zum Sprechen auffordern!

Grundsätzlich gilt für die frühe Phase des Spracherwerbs, dass der Inhalt der Äußerung des Kindes und die Anwendung der Sprache wichtiger sind als die Form. Fordern Sie Ihr Kind daher nicht zum Sprechen oder zum Nachsprechen auf.

„Die Eltern verhalten sich wie Lehrer, und die Kinder ziehen sich aus der Kommunikation zurück, weil die Forderung zu benennen und nachzusprechen der spontanen Neigung des Kindes, alles selbst tun zu wollen, widerstrebt" (Goorhuis-Brower 1999, 151).

Insbesondere die Aussprache darf nicht zu früh korrigiert werden. Kleinkinder hören ein Wort als Ganzes und nicht als Abfolge einzelner Sprachlaute: „Wenn mit Kleinkindern einzelne Sprachlaute geübt werden, verstehen sie den Sinn der Übung nicht und verlieren die Lust" (Rüter / Mayer 2001, 19).

Die 18 Monate alte Luisa sieht eine Dose im Küchenregal, streckt ihre Hand aus und sagt: „Haben." Der Vater geht darauf ein: „Möchtest du die Dose haben?" Er wartet kurz ab und sagt dann: „Warte, ich hole sie runter, dann können wir zusammen reinschauen."

Van Uden aus den Niederlanden, ein Pionier der lautsprachlichen Förderung, hat diese Form der natürlichen Sprachförderung das „Spielen der Doppelrolle" und „die Fangmethode" genannt. Der Vater im Beispiel fängt auf, was das Kind ausdrücken möchte, spricht dies aus, wartet ab, ob das Kind noch mal etwas dazu sagt, kehrt anschließend in seine eigene Rolle zurück und formuliert seinen Gedanken dazu. Van Uden beobachtete dies im frühen Dialog mit normal hörenden Kindern im Alter von bis zu vier Jahren und übernahm es als wichtiges Element für die dialogorientierte Förderung hörgeschädigter Kinder.

Manchmal wird empfohlen, ein „direktes Sprachmodell" vorzugeben, also einen Satz so vorzusprechen, wie das Kind ihn sagen soll. In unserem Beispiel würde der Vater dem Kind vorsprechen: „Ich möchte die Dose." Dies ist jedoch nicht natürlich und kein Dialog und führt nur zu Verwirrungen. Nicht er möchte die Dose haben, sondern seine Tochter.

Tipp

→ *Die Empfehlung, einem Kind einen Gegenstand nur zu geben, wenn es etwas dazu sagt, führt in der Regel zu einem Machtkampf mit anschließendem Geschrei und nicht zu einer sprachlichen Äußerung des Kindes. Mit der Einschätzung „Der oder die ist nur zu faul zum Sprechen", tut man einem Kleinkind unrecht. Jedes Kind will sich verständigen und tut es so gut, wie es dies in der jeweiligen Situation kann.*

Sprache können Sie auch über Alternativfragen hervorlocken: „Möchtest du Saft oder Tee?", „Möchtest du gelb oder blau?" Ihr Kind hört dadurch passende Wörter für eine mögliche Antwort. Zu Beginn antworten die Kinder mit „ja", dann wiederholen sie das zuletzt genannte Wort und später geben sie gezielt Antwort. Wenn die Kinder eine dritte Alternative nennen, in unseren Beispielen „Milch" oder „grün", sollten die Alternativfragen durch offene Fragen ersetzt werden: „Was willst du trinken?" oder „Was brauchst du?". Alternativfragen locken Sprache hervor, schränken die Antwort aber auch ein.

Die Kommunikation zwischen Kindern hat ihre ganz eigene Qualität.

Tipp

→ *Bei aller Sprachförderung im Dialog mit uns Erwachsenen dürfen wir nicht vergessen: „Nichts ist für die kindliche Entwicklung so wichtig, wie der lebendige Kontakt zu anderen Kindern" (Pohl 2011, 20).*

Frühförderstunden

Die Frühförderung ist mehr als eine schöne Spielstunde, auf die sich die Kinder freuen. Ihre Frühförderin begleitet Sie und Ihr Kind zu allen Fragen rund um die Förderung und Erziehung – nicht nur in Bezug auf die Sprachentwicklung. Eine vertrauensvolle, partnerschaftliche Zusammenarbeit, die sich an den individuellen Bedürfnissen jeder einzelnen Familie orientiert, ist der Schlüssel für eine erfolgreiche Frühförderung.

3

Frühförderung für hörgeschädigte Kinder gibt es bundesweit und wird in der Regel über die Förderzentren mit dem Schwerpunkt Hören und Kommunikation angeboten. An diesen Pädagogisch-Audiologischen-Beratungs- und Frühförderstellen werden auch Hörtests durchgeführt sowie psychologische Diagnostik und Beratung, meist in Zusammenarbeit mit den Schulen. Besucht Ihr Kind eine Krippe oder einen Regelkindergarten vor Ort, werden meistens auch die Erzieherinnen durch die Frühförderstelle beraten. Die Frühförderung findet entweder zu Hause oder in der Einrichtung statt und ist für die Eltern in der Regel kostenlos. Neben der Einzelförderung werden manchmal auch Kleingruppen angeboten.

Hör-Frühförderung gibt es bundesweit.

Regelmäßig werden Elternveranstaltungen durchgeführt, wo sich die Familien kennenlernen und untereinander austauschen können. Dort treffen auch Kinder, die in einem Kindergarten am Wohnort integriert sind, andere Kinder mit Hörgeräten oder CI. Durch Teilnahme an diesen Veranstaltungen oder durch persönliche Kontakte zu einzelnen Familien geben Sie Ihrem Kind die Möglichkeit der Begegnung: Später wird es selbst entscheiden, wie wichtig es ihm ist, auch hörgeschädigte Freunde zu haben. Kinder, die mit CI versorgt sind, bekommen zusätzlich zur Frühförderung meist auch eine Förderung in einem CIC. Außerdem gibt es vereinzelt Therapie- und Frühförderangebote in sozialpädiatrischen Zentren und spezialisierten sprachtherapeutischen Praxen.

Familien können sich austauschen.

Manche Eltern gehen zusätzlich zur Frühförderung zu einer Logopädin, weil sie in der Sorge um die Sprachentwicklung ihres Kindes nichts verpassen wollen – dies macht bei Kindern in den ersten Lebensjahren noch wenig Sinn. Wenn die Frühförderung regelmäßig stattfindet und Sie sich gut begleitet und beraten fühlen, ist eine zusätzliche logopädische Behandlung in der Regel nicht notwendig: Ihr Kind braucht in erster Linie eine gute sprachliche Kommunikation im Alltag und nicht möglichst viele Frühförder- oder Therapiestunden pro Woche. Hörgeschädigte Kinder müssen in den ersten Lebensjahren bzw. in der ersten Zeit nach der Diagnose hauptsächlich Hörerfahrung sammeln im Dialog mit erwachsenen Bezugspersonen, Geschwistern und Freunden. So kann die Sprache natürlich erworben werden. Geben Sie Ihrem Kind die Zeit, die es braucht, um Sprache zu entwickeln. Falls Sie dennoch in dieser frühen Zeit eine Logopädin suchen, weil z. B. die Frühförderstunden nicht regelmäßig stattfinden können, achten Sie unbedingt darauf, dass sie Erfahrung mit hörgeschädigten Kleinkindern oder zumindest mit der Therapie sehr junger Kinder (0–3 Jahre) hat. Sie sollten außerdem in den Stunden dabei sein und individuell, besonders zur Kommunikation im Alltag, beraten werden.

> **So viele Förderstunden wie nötig, so viel Alltag wie möglich.**

Kinder mit zusätzlichem Förderbedarf benötigen ein erweitertes Angebot, wie z. B. Ergotherapie, Krankengymnastik oder Psychomotorik. Therapie- und Förderinhalte sowie die Häufigkeit der Stunden müssen immer wieder gut aufeinander abgestimmt werden. Hörgeschädigte Kinder, die eine altersgemäße Gesamtentwicklung zeigen, brauchen keine zusätzliche Therapie. Je mehr Zeit für das tägliche Leben bleibt, desto mehr Erfahrungen kann Ihr Kind machen, die auch für seine nichtsprachlichen Entwicklungsbereiche wertvoll sind: Barfuß über eine Wiese oder einen Kiesweg laufen, einen Hügel hinunterrollen, im Sand matschen, basteln, malen und werken, auf einen

> **Die Therapien müssen gut aufeinander abgestimmt werden.**

Baum klettern, mit anderen Kindern Fangen spielen oder Steine in einen Fluss werfen.

Erfahrungen aus dem Alltag sind für die Gesamtentwicklung wichtig.

Tipp

→ *Gestalten Sie den Alltag so, dass das Kind nicht mehr Therapie-Termine als nötig hat, und möglichst vielfältige Erfahrungen aus seiner natürlichen Neugier heraus machen kann. So fördern Sie neben der Sprache auch alle anderen Entwicklungsbereiche.*

Der Ablauf und Inhalt der Stunden ist individuell unterschiedlich. Grundsätzlich sollte jedoch immer genügend Zeit für die
direkte Beschäftigung mit dem Kind und für Gespräche mit Ihnen sein. Was wünschen sich Eltern von der Frühförderin oder was empfinden
sie rückblickend als hilfreich? Dazu die Meinung
von vier Müttern gehörloser bzw. hochgradig
schwerhöriger Kinder, die mit Hörgeräten oder
Cochlea-Implantaten versorgt sind.

Jede Stunde muss an die aktuellen Bedürfnisse angepasst werden.

▶ Frau K.: Für mich war es wichtig, bei der Frühförderung Tipps im Umgang mit meiner gehörlosen Tochter für den Alltag zu bekommen.
Außerdem hat es mir sehr geholfen, selbst gestärkt zu werden und
zuversichtlich zu sein in Bezug auf die Entwicklung meines Kindes.
Bei der Frühförderung wurde mir jeder kleine Entwicklungsschritt
aufgezeigt und ich konnte mich über die kleinen Fortschritte freuen.
Die Frühförderung war für mich viel mehr als nur eine Spielstunde, auch ich wurde begleitet und konnte so mit der Hörschädigung
meiner Tochter immer besser umgehen und sie schließlich auch an-
nehmen.

▶ Frau Sch.: Als Mutter ist mir besonders eine die persönliche Famili-
ensituation unterstützende Elternarbeit wichtig. Der Zeitpunkt der
Diagnose fällt meist in eine Phase, wo man nach der Geburt sehr
sensibel ist. Durch Hormonumstellung, Schlafmangel, Stillen ist alles auf das Kind eingestellt. So trifft einen als Mutter die Diagnose
zu einem Zeitpunkt, wo man sehr verwundbar ist. Optimal ist da
eine allgemeine Förderung, die die gesamte Familie mit einbezieht.
Nur so ist es auch möglich, die Ideen oder Anregungen daheim um-
zusetzen. Sind Geschwister da, ist es auch sehr gut, Fördertipps zu
bekommen, wo diese auch mitmachen können. Als Mutter habe ich
dann das Gefühl, für alle Kinder etwas zu machen und dass die Aufmerksamkeit nicht immer nur auf dem „Sorgenkind" liegt.

▶ Frau A.: Im ersten Jahr nach der Diagnose war es für uns besonders
wichtig, eine zuverlässige Anlaufstelle für alle Fragen und erste Kontakte zu anderen betroffenen Familien zu haben. Zuversicht in die
Entwicklung unseres gehörlosen Sohnes bekamen wir besonders

dadurch, dass der Schwerpunkt immer auf den kleinen und großen Fortschritten lag und nicht darauf, was er noch nicht kann oder was er noch lernen soll. Vergessen darf man auch nicht, dass jedes Kind seine eigene Persönlichkeit hat – ganz unabhängig von der Hörstörung – und sich entsprechend individuell entwickelt, wie unsere Kinder, die beide hörgeschädigt sind.

▶ Frau R.: Eine gute Frühförderung macht Mut statt zu entmutigen: Was uns nach der – natürlich erst mal schockierenden – Diagnose der hochgradigen Schwerhörigkeit unseres Sohnes sehr geholfen hat, war die optimistische und konstruktive Perspektive der Frühförderin. Statt uns zu erzählen, was mit Hörgeräten alles nicht geht, erzählte sie, was mit Hörgeräten alles geht (heute wissen wir: Das ist fast alles außer Tiefseetauchen…). Das hat uns getröstet und gutgetan. Heute, vier Jahre nach Diagnose, hat sich glücklicherweise bestätigt, was uns prognostiziert wurde: Unser Sohn spricht wie ein normal hörendes Kind, geht in einen städtischen Kindergarten und fühlt sich dort wohl.

Diese Aussagen verdeutlichen u.a., wie wichtig es ist, dass in den Frühförderstunden immer wieder in der konkreten Situation gezeigt wird, wo das Kind in seiner Hör-, Sprach- und Gesamtentwicklung steht und was der jeweilige Entwicklungsschritt für dieses Kind bedeutet.

Was können Sie selbst dafür tun, damit die Frühförderstunden erfolgreich verlaufen? Eltern und Kinder gestalten die Stunden entscheidend mit: Eltern bringen z.B. ihre Erfahrungen ein und stellen Fragen. Kinder zeigen ihr Interesse, indem sie sich für ein Spielzeug oder eine Beschäftigung entscheiden, an einem angebotenen Spiel Freude haben oder eben auch mal schnell die Lust verlieren. Sie zeigen auch in ihrem sprachlichen Verhalten, ob sie z.B. etwas nicht richtig verstanden haben oder bestimmte Begriffe noch nicht passend verwenden.

Eltern und Kinder gestalten die Frühförderstunde mit.

Beispiel

Stundenbeispiel 1: *Wir spielen mit Michael (4;6 Jahre) Kinder-Kniffel. In der ersten Spielrunde fällt auf, dass er das Wort „sammeln" noch nicht kennt. Wir betonen daraufhin das Wort in dem Spiel, bei dem man gleiche Würfelabbildungen sammeln muss. Anschließend zeige ich ihm meine Muschelsammlung. Zum Schluss macht die Mutter den Vorschlag, auf der Heimfahrt für den älteren Bruder Fußballkarten zu kaufen, die dieser begeistert sammelt. Der Mutter wird erklärt, warum Gespräche über Sammlungen den Wortschatz erweitern: Man spricht über Gegenstände (Muscheln, Steine, Fußballbilder), die sich nur in Details unterscheiden, dadurch gebraucht man viele Adjektive und Verben. Muscheln können z. B. glatt sein, glänzen oder rosa schimmern.*

Beispiel

Stundenbeispiel 2: *Juliane (5;0 Jahre) bringt stolz ein Foto von sich im Faschingskostüm mit: Das Feenkleid hat die Mutter für sie genäht. Daraus ergibt sich eine Stunde über Stoffe. Im Gespräch über den Inhalt meiner Stoffmusterschachtel diskutieren wir darüber, wer welchen Stoff schön findet und wofür er geeignet wäre. Juliane hört dabei Begriffe wie „Muster, gemustert, durchsichtig, geblümt, gestreift und kariert". Im Alltag wird die Mutter das aufgreifen und z. B. beim Auswählen der Kleidung sagen: „Ja, das gestreifte T-Shirt passt gut" und nicht nur: „Das T-Shirt passt gut."*

Beispiel

Stundenbeispiel 3: *Lenas Mutter berichtet zu Beginn der Stunde, dass ihre neun Monate alte Tochter jetzt beginnt, den Sachen, die sie runterwirft, hinterherzugucken: Lena hat entdeckt, dass Dinge, die sie nicht mehr sieht, nicht gänzlich verschwunden sind. Daraufhin verstecken wir in der Stunde gemeinsam verschiedene Dinge unter Bechern oder Tüchern und suchen sie wieder: Lena macht hoch konzentriert mit und hört dabei immer wieder sprachliche Wiederholungen, wie: „Wo ist denn die kleine Ente? Schau mal – ja, zieh, zieh an dem Tuch! Da – da ist die Ente!" Besonders wird das „da" betont, weil die Freude beim Entdecken des Gegenstandes besonders groß ist. Der Mutter wird dazu erklärt, dass „da" oft zu den ersten zehn gesprochenen Wörtern gehört, und Lena eine wichtige Entwicklungsstufe erreicht hat: Nur wenn ich weiß, dass Gegenstände noch vorhanden sein können, obwohl ich sie nicht mehr sehe, kann sich Symbolspiel (Kap. 4) und Sprache entwickeln.*

Berichten Sie in der Frühförderstunde von Ihrem Alltag.

Erzählen Sie in den Frühförderstunden von dem täglichen Leben mit Ihrem Kind: Wie geht es Ihnen, worüber freuen Sie sich, wo sehen Sie Fortschritte, was macht Ihnen evtl. Sorgen, was ist anstrengend, wie verlief der letzte Besuch beim Hörgeräteakustiker, im CIC, in der Klinik, bei der U-Untersuchung beim Kinderarzt, ist gerade Besuch da, interessiert sich das Kind derzeit besonders für den Staubsauger, Ihre Katze oder die Fernbedienung des Fernsehers, schnappt Ihr Kind schon Wörter auf, die es besser nicht nachsprechen sollte, liebt es ein bestimmtes Bilderbuch oder hat es mit Bilderbüchern noch wenig Geduld...? Wenn die Frühförderin über die Stunden hinaus einen Eindruck davon bekommt, was Sie und Ihr Kind aktuell beschäftigt, kann sie ganz persönlich auf Ihre Themen eingehen. Sie kann das passende Material und die richtigen Förderschwerpunkte wählen und Sie individuell beraten. Gespräche über Probleme sollten selbstverständlich nicht vor dem Kind geführt werden, auch wenn es noch nicht alles verstehen kann.

In den Stunden wird gemeinsam gespielt oder das getan, was dem Kind im Alltag Freude macht (Blumen gießen, Spülmaschine ausräumen, Fahrrad putzen...). Einerseits beobachten Sie, wie die Frühförderin mit Ihrem Kind umgeht, andererseits ist es sehr wichtig, dass die Frühförderin Sie im Kontakt mit Ihrem Kind erlebt. Nur so kann sie Sie in allem bestätigen, was für Ihr Kind hilfreich ist, und Ihnen individuelle Tipps zur Verbesserung der Kommunikation geben, wenn dies nötig ist.

Dies gilt auch für die Kommunikation in der Muttersprache. Eine Frühförderin, die z.B. kein Türkisch kann, sieht dennoch, ob Dialoge entstehen, ob zu laut oder zu leise gesprochen wird, ob zu viel gesprochen oder auch mal abgewartet wird usw. Der Hinweis allein, dass in der Muttersprache gesprochen werden soll, reicht nicht aus. Die Eltern müssen in der Kommunikation in ihrer Sprache unterstützt werden, was nur möglich ist, wenn dafür auch in den Stunden Raum gegeben wird.

Die Kommunikation in der Muttersprache muss unterstützt werden.

Beschäftigungen und Spiele müssen für die Eltern in ihrem Alltag gut umsetzbar sein und dürfen sie nicht zusätzlich unter Druck setzen. Eine Förderstunde zu Hause, in der ausschließlich mit dem immer wieder neuen Spielzeug aus der Tasche der Frühförderin gespielt wird, hat häufig nicht diesen Effekt: Die Kinder sind oft konzentriert dabei, weil der Reiz des Neuen sie fasziniert. Die Stunde bleibt so aber eine isolierte Fördereinheit, d.h. die Umsetzung im Alltag und damit auch die Wiederholung und der positive Effekt auf die Hör-, Sprach- und Gesamtentwicklung fehlen. Manchmal sind Eltern frustriert, da die Kinder beim Ausräumen der Frühfördertasche und den Spielen in der Stunde begeistert mitmachen, im Alltag aber schwierig zur Konzentration und zum gemeinsamen Spiel zu bewegen sind. Der Förderschwerpunkt sollte daher, neben Anregungen für neue Spiele, besonders in den ersten Jahren auf der Kommu-

Fördertipps müssen einfach umsetzbar sein.

nikation im Alltag und der Beschäftigung mit den eigenen, vertrauten Spielsachen liegen.

→ *Sprechen Sie immer offen an, wenn Sie die Begründung für einen Tipp nicht nachvollziehen können oder die Umsetzung Ihnen schwerfällt. Die Frühförderin kennt nur einen Ausschnitt Ihres täglichen Lebens und ist darauf angewiesen, dass Sie ihr sagen, ob eine Beratung passt oder ob Sie andere Tipps brauchen.*

Sprache ist verknüpft mit der Gesamtentwicklung.

Die Hör- und Sprachentwicklung verläuft nicht isoliert, sondern verknüpft mit allen anderen Entwicklungsbereichen. Daher wird in der Frühförderung immer auch die Gesamtentwicklung gefördert. Besonders wichtig ist, dass Kinder durch die Förderung ihrer individuellen Stärken ein gutes Selbstbewusstsein entwickeln können. Nur auf dieser Grundlage kann es ihnen auch gelingen, ihre Hörschädigung gut in ihr Leben zu integrieren.

Die Wahl der Kita muss zum Kind und der Familie passen.

In Krippe und Kindergarten verbringen Kinder viel Zeit; daher sollte gemeinsam mit der Frühförderin gut überlegt werden, welche Einrichtungen zur Wahl stehen und welche die passende für Ihr Kind ist. Die Erfahrung zeigt, dass heutzutage etwa 80 % aller hörgeschädigten Kinder in Kitas am Wohnort integriert werden. Doch auch der Kindergarten für hörgeschädigte Kinder kann der richtige Platz sein, damit ein Kind gezielt gefördert und dadurch langfristig gut integriert werden kann.

Zusammenfassend lässt sich sagen, dass hörgeschädigte Kinder, genauso wie gut hörende, von kleinen Gruppen, guter Raumakustik, festen Ritualen, Gesprächsdisziplin und aufmerksamer, individueller Betreuung profitieren. Falls Sie zur Auswahl von Krippe und Kindergarten detaillierte Informationen wünschen, beachten Sie bitte dazu das Zusatzmaterial zum Buch unter www.reinhardt-verlag.de.

Entwicklungsschritte

Die einzelnen Schritte der Hör- und Sprachentwicklung sind für Kinder mit und ohne Hörschädigung gleich; wann welche Stufe erreicht wird, ist individuell verschieden. In diesem Kapitel erfahren Sie, wie Sie die einzelnen Fortschritte Ihres Kindes einordnen können. Dieses Wissen hilft Ihnen, den Blick auf die vielen kleinen und manch' große Entwicklungsschritte zu richten, die Ihr Kind bereits erreicht hat. Für seine weitere Entwicklung und Förderung ist diese Sichtweise, gepaart mit Geduld und Zuversicht, elementar.

4

Die Hörentwicklung ist die Basis

▶ Nur auf der Grundlage einer guten vorsprachlichen Entwicklung machen hörgeschädigte Kinder auch Fortschritte im Hören und im Sprachverständnis.

Das ist wiederum die Voraussetzung für die Entwicklung der gesprochenen Sprache.

Für Eltern ist es beruhigend, wenn sie kurz nach der Diagnose, dass ihr Baby hochgradig schwerhörig oder gehörlos ist, Kinder erleben, die mit der gleichen Hörschädigung schon mit drei bis vier Jahren altersgemäß und ganz natürlich lautsprachlich kommunizieren. Gleichzeitig führt dies aber auch zu sehr hohen Erwartungen und kann Eltern wie Kinder unter Druck setzen. Diese hohe „Messlatte" lässt Entwicklungsverläufe von Kindern, die vor 15 Jahren noch als sehr gut eingestuft wurden, heute eher langsam erscheinen.

Die Normalität ist die Vielfalt.

Nicht nur Kinder mit später Diagnose, auch früh erkannte Kinder brauchen unterschiedlich viel Zeit für ihre Entwicklung. Der Kinderarzt Remo Largo aus der Schweiz beschreibt in seinen Ratgeber-Klassikern „Babyjahre" und „Kinderjahre" eindrücklich die große Normbreite in der Entwicklung normal hörender Kinder. Das wird oft vergessen, wenn aus der Sorge um die Sprachentwicklung jeder Fortschritt beim hörgeschädigten Kind genau beobachtet wird.

In der Fachliteratur und in Vorträgen wird oft von „Zeitfenstern" für die Hör- und Sprachentwicklung gesprochen. Damit ist gemeint, dass sich die Hör- und Sprachzentren im Gehirn nur entwickeln können, wenn diese bis zu einem bestimmten Alter auch angeregt wurden. Dies zeigt, wie

Auch Kinder mit später Diagnose haben eine Chance.

wichtig die Früherkennung von Hörschädigungen in den ersten Lebenswochen bzw. kurz nach einer erworbenen Hörstörung ist. Gleichzeitig gibt es aber nach wie vor Kinder, die erst mit drei Jahren oder noch später ihre ersten Hörgeräte bekommen. Für die Eltern dieser Kinder sind die „Zeitfenster-Diskussionen" sehr beunruhigend, zumal sie oft schon früh den Verdacht auf eine Hörschädigung hatten, aber durch eine lange Diagnostik-Odyssee viel Zeit verstrichen ist. Die Erfahrung zeigt, dass spät erkannte Kinder zwar länger für ihre Hör- und Sprachentwicklung brauchen und auch im Schulalter noch intensive Förderung benötigen, sich jedoch langfristig sprachlich gut entwickeln können.

Hörstörung – Sprachstörung

▶ Ein hörgeschädigtes Kind ist nicht zwangsläufig auch ein Kind mit einer Sprachstörung. Ob eine Sprachentwicklungsstörung aus einer Hörschädigung heraus entsteht, hängt von vielen Faktoren ab, wie z. B. dem Zeitpunkt der Diagnose, dem Ausmaß der Hörstörung und dem Verlauf der nonverbalen Entwicklung.

Besonders in den ersten Lebensjahren vergleichen Eltern, in ihrer Sorge um die Sprachentwicklung, ihre Kinder oft mit anderen hörgeschädigten Kindern. Dies ist verständlich, wird aber der ganz persönlichen Entwicklung jedes einzelnen Kindes niemals gerecht. Wenn ein anderes 2-jähriges Kind schon weiter entwickelt ist, kann das z. B. daran liegen, dass es früher diagnostiziert wurde, dass es vor der Diagnose schon einmal gehört hat, dass es eine andere Hörschwelle hat oder dass es einfach ein anderer Typ ist. Auch jedes normal hörende Kind hat sein eigenes Entwicklungstem-

Entwicklungsverläufe zu vergleichen wird dem einzelnen Kind nicht gerecht.

po. Außerdem kann es gut sein, dass ein Jahr später dieser Unterschied in der Entwicklung gar nicht mehr vorhanden ist.

Beispiel

Auf meine Frage, wie Svenjas dritter Geburtstag verlaufen ist, berichtete mir die Mutter, dass der Vergleich zu den gleichaltrigen normal hörenden Kindern, die eingeladen waren, belastend für sie war – heute ist Svenja zehn Jahre alt und spricht fließend Deutsch und Englisch.

Tipp

→ *Achten Sie in den ersten Lebensjahren auf das Hör- und Sprechalter. Nur so können Sie die Entwicklung Ihres gehörlosen oder hochgradig schwerhörigen Kindes realistisch einschätzen. Das Höralter ist der Zeitraum ab der CI- bzw. Hörgeräteversorgung, das Sprechalter errechnet sich ab den ersten gesprochenen Wörtern. So darf man von einem 4-jährigen Kind, das ein Sprechalter von einem Jahr hat, bestenfalls das Sprachniveau eines 2-jährigen normal hörenden Kindes erwarten.*

„Das Kind kann nur so viel von der Umwelt aufnehmen, wie es ihm von seinem Entwicklungsstand her möglich ist. Ein Angebot, das über seine Bedürfnisse hinausgeht, bleibt ungenutzt oder behindert gar seine Entwicklung" (Largo 1999, 91).

Fortschritte und vermeintliche Phasen des Stillstands wechseln sich ab. Zeiten, in denen scheinbar keine Fortschritte zu sehen sind, sind in der Regel Zeiten, in denen sich Erfahrungen setzen müssen, erreichte Fähigkeiten sicherer werden, Ihr Kind Energie für Fortschritte in anderen Entwicklungsbereichen oder einfach eine Pause braucht. Eltern berichten mir häufig, dass es sie in diesen Zeiten beruhigt, alte Entwicklungsberichte zu lesen oder Videoaufnahmen anzusehen. „Man vergisst so schnell, auf welchem Entwicklungsstand das Kind vor einem Jahr noch war", ist dann oft der Kommentar.

Bei Kindern mit zusätzlichen Entwicklungsbeeinträchtigungen kann es hilfreich sein, andere Bereiche zu fördern, um sprachlich weiterzukommen. So ist z. B. die Bewegungsentwicklung ein wichtiger Bereich. Auch die Objektpermanenz und das Symbolspiel sind entscheidend für die Sprachentwicklung: Nur wenn ich mir vorstellen kann, dass etwas noch vorhanden ist, wenn ich es nicht mehr sehe, kann ich im Spiel so tun „als ob" (z. B. einen Karton als Auto benutzen). Nur, wenn ich Gegenstände als Symbole für etwas benutzen kann, bin ich auch in der Lage, Wörter als Symbole für ihre Inhalte zu verstehen und zu benutzen.

Symbolspiel ist wichtig für die Sprache.

Entwicklungsschritte sind nicht planbar

▶ Wenn man in einem bestimmten Zeitraum bestimmte Ziele erreichen will, konzentriert man sich darauf, was noch nicht da ist, und handelt defizitorientiert. Bei keinem Kind, weder mit noch ohne Hörschädigung, können Entwicklungsschritte zeitlich geplant werden.

Entwicklungsschritte sind nicht zeitlich planbar.

In Sprachentwicklungstests werden meistens folgende Bereiche beurteilt: die Aussprache, die Größe des Wortschatzes, den das Kind versteht (passiver Wortschatz), die Größe des Wortschatzes, den das Kind selbst verwendet (aktiver Wortschatz) und die Grammatik. Es gibt jedoch noch zahlreiche andere Faktoren, die zeigen, wie sich ein hörgeschädigtes Kind entwickelt.

> ## Tipp
>
> → Die Entwicklung eines zweisprachigen hörgeschädigten Kindes kann nur richtig eingeschätzt werden, wenn man die Kommunikation in beiden Sprachen betrachtet.

Hörentwicklung

In diesem Kapitel werden einzelne Stadien der Hörentwicklung beschrieben und es wird erklärt, warum diese für die Entwicklung hörgeschädigter Kinder von besonderer Bedeutung sind.

▶ *Das Kind trägt seine Hörgeräte oder CIs schon über mehrere Stunden:* Das zeigt in der Regel, dass die Kinder von den Geräten profitieren, auch wenn sie sonst noch keine Hörreaktionen zeigen.

▶ *Das Kind lautiert mehr oder variationsreicher, wenn es seine Hörgeräte oder CIs trägt, bzw. wenn diese eingeschaltet werden:* Das Kind beginnt, neben den Geräuschen und Stimmen in seiner Umgebung auch seine eigene Stimme wahrzunehmen. Das regt zum Ausprobieren an.

▶ *Das Kind hält bei Geräuschen in der Bewegung inne, unterbricht sein Lautieren oder weitet die Augen:* Dies sind typische Hörreaktionen. Diese ersten Reaktionen können nicht abgerufen werden: Mal reagiert das Kind und dann auch wieder nicht. Das ist zu Beginn ganz normal.

> ## Tipp
>
> → Die ersten Reaktionen auf den eigenen Namen sind ein Meilenstein in der Entwicklung. Doch Vorsicht: Sprechen Sie Ihr Kind nur mit seinem Namen an, wenn es einen Grund dafür gibt, nicht allein um es zu testen! Reagiert Ihr Kind auf seinen Namen und es folgt keine Handlung, wird es in Zukunft nicht mehr darauf reagieren.

▷ *Das Kind zeigt bei Geräuschen oder Ansprache Suchreaktionen durch Augenbewegungen oder Kopfwenden:* Damit ist ein wichtiger Meilenstein erreicht. Es hat entdeckt, dass Geräusche und Stimmen Ursachen haben und es sich lohnt, diese zu entdecken.

▷ *Das Kind wendet sich gezielt einem Sprecher oder Geräuschquellen zu:* Jetzt weiß es schon von vielen Dingen, wie diese klingen, und es entwickelt erstes Richtungshören. Dies ist nur möglich, wenn beide Ohren mit Hörgeräten oder CI optimal versorgt sind. Wendet sich das Kind später in einer Situation mit mehreren Sprechern meistens dem richtigen zu, obwohl es hauptsächlich auf seine Handlungen konzentriert ist, ist das ein sehr gutes Zeichen: Es unterscheidet akustisch die Stimmen und / oder hat bereits ein gutes Richtungshören.

Die Ursachen von Geräuschen werden entdeckt.

▷ *Das Kind erkundet selbst Geräusche:* Dies zeigt, dass es Freude hat am Hören. Es klopft mit einem Löffel auf den Tisch, klappert mit einem Schlüsselbund, knistert mit der Folie aus der Pralinenschachtel oder wirft Steinchen auf eine Rutsche.

▷ *Das Kind macht weniger laute Geräusche und schreit weniger:* Hochgradig schwerhörige Kinder sind vor der Hörgeräteversorgung manchmal sehr laut, weil sie sich so selbst hören können. Wenn sie auf diese Lautstärken nicht mehr angewiesen sind, verliert sich das.

▷ *Das Kind imitiert die Horchgeste (Finger am Ohr) und wendet sie selbst an:* Jetzt weiß man sicher, wann das Kind gerade etwas gehört hat und kann darauf eingehen. Nicht selten achten Kinder auf Geräusche, die wir gerade gar nicht bewusst wahrnehmen.

▷ *Das Kind reagiert nicht mehr auf Alltagsgeräusche, auf die es sonst häufig reagiert hat, obwohl die Hörtechnik in Ordnung ist:* Das Kind kann jetzt vertraute Geräusche sicher einordnen und sie dadurch auch ausblenden, wenn sie momentan nicht wichtig sind. Dieses erste Filtern von akustischen Reizen ist ein sehr wichtiger Schritt in der Hörentwicklung. Ohne diese Fähigkeit würden wir von Höreindrücken im Alltag überflutet werden. Später lernt das Kind, sich trotz anderer Stimmen und Hintergrundgeräuschen auf einen Sprecher zu konzentrieren. Dies ist für hörgeschädigte Menschen deutlich schwieriger und anstrengender als

Vertraute Geräusche können ausgeblendet werden.

für normal Hörende. Für diese „Störschall-Nutzschall-Filterung" ist das Hören mit zwei Ohren wichtig.

> *Das Kind zeigt oder sagt, wenn Akkus oder Batterien leer sind, oder versucht, sich die Sendespule des CIs wieder anzulegen, wenn diese sich gelöst hat:* Wenn Kinder ein CI oder Hörgerät abnehmen, weil die Batterien oder Akkus leer sind, oder zu den Eltern gehen und auf das Gerät zeigen, haben sie ent-

Das Kind bemerkt, dass das Hören mit den Geräten zusammenhängt.

deckt, dass das Hören mit den Geräten an seinen Ohren zu tun hat. Es ist dies außerdem ein bedeutsamer Schritt in der Hörentwicklung, weil das Kind gemerkt hat, dass es mit dem einem Ohr nicht mehr hört, obwohl das andere noch alles wahrnimmt.

Tipp

→ *Der Alltag ist für Hörgeräte und CI-Träger anstrengender als für normal hörende Menschen, weil das Hören insgesamt mehr Konzentration erfordert und nicht immer gute Hörbedingungen herrschen. Haben Sie daher Verständnis, wenn Ihr Kind mal nicht reagieren will, sich ganz auf eine Handlung, einen Film oder ein Buch konzentriert oder einfach mal innerlich „abschaltet".*

> *Mittelgradig schwerhörige Kinder reagieren nach einigen Monaten Hörerfahrung ohne Hörgeräte besser:* Das zeigt, dass die Hörentwicklung sehr gut verläuft: Das Kind achtet insgesamt immer mehr auf Geräusche und Sprache, auch wenn diese leiser sind. Dies ist auch der Fall, wenn die Hörgeräte mal für kurze Zeit nicht getragen werden und dann alles undeutlicher ist. Eltern sind dadurch manchmal irritiert, weil sie zweifeln, ob das Kind die Hörgeräte noch braucht. Doch nur durch das bessere Hören mit den Geräten kann es zu diesem Effekt kommen.

> *Das Kind reagiert auf Sprache, noch ohne die Wörter zu verstehen:* Es hört die Sprachmelodie und Betonung und kann so erkennen, ob jemand z. B. ruft, lobt, schimpft, eine Frage stellt, tröstet oder Koseworte sagt. In dieser Phase reagiert ein Kind evtl. auch auf den Namen des Bruders, wenn dieser angesprochen wird.

> *Das Kind zeigt erstes Sprachverständnis in Zusammenhang mit der Situation:* Es ist ein großer Schritt in der Entwicklung, wenn ein Kind erste Wörter versteht. Das sind oft Wörter, die es auch früh sprechen kann, wie z.B. „da, hallo, tschüss, nein, oben, Mama, Papa, Oma, Opa", seinen Namen oder die anderer wichtiger Personen. Manche Kinder brauchen am Anfang für das Sprachverständnis zusätzlich das Absehen der Sprache („Lippenlesen"). Zu Beginn ist es immer eine Mischung aus Situations- und Sprachverständnis. Wenn das Kind zusammen mit Oma und Mutter mit dem Puppengeschirr spielt, versteht es, wenn die Mutter fragt: „Bekommt die Oma auch einen Teller?" Wenn die Mutter Mittagessen kocht und sagt: „Später kommt die Oma noch vorbei", versteht es die Aussage vielleicht noch nicht, weil das Kochen und die Aussage über die Oma, die nicht da ist, nicht zusammenpassen.

Sprachverständnis und Situation sind anfangs verknüpft.

> *Das Kind versteht erste vertraute Wörter und Sätze ohne Wiederholung:* Die Höraufmerksamkeit und das Sprachverständnis haben sich verbessert. Besonders gut kann dies beim Kaufladenspiel beobachtet werden, wenn das Kind einige Gegenstände, nach denen verlangt wird, sofort herausgibt, und andere erst noch wiederholt werden müssen: „Haben Sie auch Schuhe? Mein Kind braucht neue Schuhe." In dieser Phase ist es wichtig, Dinge nur zu wiederholen, wenn dies auch nötig ist. Wird alles mehrfach gesagt, reduziert dies die Höraufmerksamkeit.

> *Das Kind versteht, was von hinten zu ihm gesagt wird, ohne dass es vorher mit seinem Namen angesprochen wird:* Seine Höraufmerksamkeit auf Sprache und sein Sprachverständnis sind jetzt schon so gut, dass es nicht mehr nötig ist, es durch namentliches Anreden darauf aufmerksam zu machen, dass mit ihm gesprochen wird.

Die Höraufmerksamkeit auf Sprache steigt.

> *Das Kind versteht vertraute Alltagssprache und zeigt erstes Sprachverständnis unabhängig von der aktuellen Situation:* In diesem Stadium wird die Kommunikation im Alltag sehr viel leichter, weil viele Aufforderungen, Informationen, Fragen und Kommentare im täglichen Leben verstanden werden. Außerdem kann man schon über erste Dinge sprechen, die nicht unmittelbar zur Situation passen, z.B.:

„Heute Mittag gibt es Pfannkuchen!" oder „Geh schon mal ins Bad, ich komm gleich nach."

Es kann passieren, dass Ihr Kind auf Inhalte, die es schon länger gut versteht, trotz guter Hörbedingungen plötzlich nicht reagiert. Dies kann daran liegen, dass das Kind gedanklich gerade bei einem anderen Thema ist. Alles andere liegt dann so wenig in seinem Erwartungsbereich, dass seine Bedeutung nicht sofort erfasst wird. Dies ist ganz normal, auch für normal hörende Kleinkinder. Bei hörgeschädigten Kindern beunruhigt das Eltern jedoch schnell. Meist hilft es, das Thema kurz zu benennen und den Satz umzuformulieren.

Beispiel

Wladimir beobachtet gerade einen Vogel vor dem Fenster, die Mutter räumt das Wohnzimmer auf und sagt zu ihm: „Wir müssen morgen in die Bücherei gehen." Das Kind, noch in Gedanken bei dem Vogel, sieht sie fragend an. Sie merkt, dass sie nicht verstanden wurde und sagt:„Schau, die Bücher aus der Bücherei haben wir schon lange. Wir müssen sie morgen zurückbringen."

▶ *Inhalte aus Gesprächen anderer werden aufgeschnappt:* Das Kind versteht jetzt schon einzelne Wörter oder Sätze, wenn es nicht gezielt angesprochen wird. Das ist ein großer Fortschritt. Die Gesprächspartner sind räumlich meist etwas entfernt und sprechen anders, z. B. schneller und undeutlicher, als in der direkten Kommunikation mit dem hörgeschädigten Kind.

Beispiel

Martin, drei Jahre alt, sitzt auf dem Boden und spielt mit seinem neuen Feuerwehrauto. Die Mutter unterhält sich mit einer Freundin über eine anstrengende Fahrt in einem überfüllten ICE. Martin blickt auf und fragt mit leuchtenden Augen:„ICE fahren?" Die Mutter muss richtigstellen, dass Martin auch bald wieder mit dem ICE zum Onkel fahren darf, heute aber keine Zugfahrt mehr unternommen wird. Die Mutter der 4-jährigen Annika berichtete, dass sie zu ihrem Erstaunen neulich während einer Autofahrt sagte:

„*Steyr ist besser als Fendt. Den kaufen wir!*" *Die Eltern sind Landwirte und sprachen zu dieser Zeit viel über den Kauf eines neuen Traktors. Annika be-* *fand sich dabei manchmal im Zimmer, beschäftigte sich aber immer mit etwas anderem. Offensichtlich hat sie trotzdem aufgeschnappt, um was es ging.*

➧ *Das Kind spricht überraschend erste Schimpfwörter:* Schimpfwörter werden ausschließlich im Alltag aufgeschnappt, meist in Auseinandersetzungen mit anderen Kindern, wo emotional und schnell gesprochen wird. Ihr Kind zeigt damit, dass es Sprache hörgerichtet im Alltag erwirbt. Die ersten Schimpfwörter sind daher Grund zur Freude und natürlich auch Anlass darüber zu sprechen, welche Wörter man nicht sagen soll.

➧ *Missverständnisse werden im Dialog erkannt:* Wenn ein Kind an den Beiträgen des Gesprächspartners merkt, dass dieser es nicht richtig verstanden hat, hat es ein sehr gutes Sprachverständnis erreicht. Zu Beginn der Sprachentwicklung wird aus der Handlung

Das Kind erkennt unpassende Antworten oder Kommentare.

klar, ob ein Missverständnis vorliegt: Das Kind zeigt z.B. auf ein Regal, möchte etwas haben, bekommt aber nicht den richtigen Gegenstand und protestiert. Später ist es wichtig, im Gespräch zu erkennen, ob man sich versteht, und zu versuchen, Missverständnisse zu klären. Neben Sprachverständnis ist hier auch Dialogkompetenz gefragt: Wie mache ich dem anderen klar, was ich meine, und hat er die Erklärung auch verstanden?

Beispiel

Der 4-jährige Florian zeigt mir seine Erlebnismappe (Kap. 8) und erklärt zu einem Foto, dass seine Kindergartengruppe einen Ausflug mit dem Bus gemacht hat. Auf der nächsten Seite ist wieder ein Bus zu sehen und ich sage: „*Ach, da fahren die Kinder.*" *Er protestiert und sagt:* „*Nein, Leute, da fahren Leute.*" *Ich frage nach:* „*Ist das ein anderer Bus?*" *Florian erklärt mir:* „*Ja, der Bus fährt OBI.*"

➧ *Das Kind versteht erste vorgelesene Texte im Bilderbuch:* Wenn ein Kind beim Vorlesen kurzer Texte zuhört oder dies sogar einfordert, zeigt es, dass sein passiver Wortschatz stark gewachsen ist. Es versteht jetzt schon Wörter, die nicht ständig im Alltag vorkommen, und es beginnt Texte zu verstehen, die grundsätzlich anders sind als die gewohnte Umgangssprache.

▶ *Längere Texte können vorgelesen werden und das Kind hört längeren Erzählungen zu:* Bilder sind zur Unterstützung kaum oder gar nicht mehr nötig. Dies ist ein sehr hohes Maß an Sprachverständnis. Die Höraufmerksamkeit, die beim längeren Vorlesen oder Erzählen nötig ist, bringen Kinder nur auf, wenn sie den Großteil der Geschichte schon verstehen können. Die nächste Stufe wird im Schulalter erreicht, wenn Kinder verstehen, was sie selbst lesen.

Hören und Sprache absehen ergänzen sich

▶ Die meisten Kinder lernen in der natürlichen Kommunikation, Sprache vom Gesicht abzusehen (Lippen- und Kieferbewegungen, Mimik usw.). Dies ist auch für Kinder mit sehr guter Hör- und Sprachverständnisentwicklung hilfreich, wenn die Hörbedingungen schlecht sind, wie z. B. in größeren Gruppen oder im lauten Straßenverkehr. Auch normal hörende Kinder und Erwachsene achten übrigens unbewusst auf diese zusätzlichen Informationen, besonders in schwierigen Dialogsituationen.

Ausdrucksentwicklung

Für viele Eltern beginnt die Sprachentwicklung ihres Kindes so richtig erst mit den ersten Wörtern, die es spricht, obwohl sie wissen, dass die Entwicklung von Hören und Sprachverständnis für hörgeschädigte Kinder entscheidend ist. Die Phase vom Hörbeginn bis zum Sprechbeginn kann mehrere Monate bis zu einem Jahr dauern. Diese Zeit ist oft belastend und Eltern brauchen eine gute Begleitung, um die Fortschritte im Hören und Verstehen sehen zu lernen und weiter mit ihren Kindern natürlich zu kommunizieren. Die Kinder benötigen diese Zeit, um Hörerfahrung zu sammeln, erste Wörter verstehen zu lernen

und evtl. ihre vorsprachlichen Ausdrucksmöglichkeiten weiter-
zuentwickeln. Dazu gehören z. B.

▶ Blickkontakt,
▶ Körperkontakt, wie anschmiegen und umarmen,
▶ Mimik und Gestik,
▶ Lautieren, Lachen, Schreien,
▶ Gegenstände geben und nehmen,
▶ Personen an der Hand führen,
▶ Zeigen sowie
▶ Winken.

Zeigen ist ein wichtiger Entwicklungsschritt

▶ Wenn ein Kind anfängt, zu zeigen, erweitert dies wesentlich seine Ausdrucksmöglichkeit: Es kann seine Gedanken, seine Absicht anderen Menschen vermitteln. Oft ist damit auch eines der ersten Wörter verbunden: „Da!".

Erste Wörter

„Sag mal *Papa*!" Vielleicht haben Sie schon selbst die Erfahrung gemacht, dass diese Bitte in der Regel nicht erfüllt wird. Die ersten Wörter kommen spontan und unbewusst und können da-
her nicht einfach wiederholt werden, wenn z. B. der Oma vorge-
führt werden soll, wie schön das mit dem „Papa" schon klappt.

Die ersten Wörter, die ein Kind spricht, müssen inhaltlich inte-
ressant sein. Es sind nicht Wörter, die einfach zu hören oder zu sprechen sind, oder die man gut von den Lippen lesen kann.

Mit dem Zeigen beginnt der Dialog.

Beispiel

Marlene sagte nach ihrer CI-Versorgung als eines der ersten drei Wörter „elm". Wenn der Vater nach Hause kam, machte er häufig mit ihr noch eine kleine Fahrradtour, und der Helm war das Zeichen dafür, dass es gleich losging.

Ein hochgradig schwerhöriges Kind mit Down Syndrom sagte als eines seiner ersten Wörter „aeuja". Die Familie besuchte regelmäßig Gottesdienste einer freien christlichen Gemeinde, wo eine kleine Gruppe intensiv zusammen betete und oft „Halleluja" sang.

Häufig gehören zu den ersten Wörtern: „au(s), an, ab, au(f), da, weg, (k)apu(tt), hallo, nein, hei(ß), aua, nochmal, mehr, Mama, Papa, Oma, Opa" und Namen anderer Familienmitgliedern. Oft sind die ersten Wörter mit starken Emotionen verbunden, wie

„heiß, nein, meins, aua". Namen von Personen werden oft dann erstmalig gesprochen, wenn diese unerwartet aus dem Blickfeld verschwinden und das Kind leicht verzweifelt nach ihnen ruft.

Versuchen Sie daher nicht, mit Ihrem Kind erste Wörter zu üben, indem Sie ihm vermeintlich einfache Wörter, wie „Ball" oder „Auto" immer wieder vorsprechen.

Tipp

→ *Tierstimmen gehören oft zu den ersten gesprochenen Wörtern. Weil es so beruhigend ist, das Kind sprechen zu hören, besteht die Gefahr, dass zu Beginn der Sprachentwicklung Tierstimmen stark überbetont werden. Es gibt noch viele andere Dinge, die Ihr Kind interessiert, wie z. B. der Lichtschalter („an, aus"), der Staubsauger („Gauga") oder Opas Brille („Bille").*

So sehr wir uns auch über das erste „Mama" oder „da" freuen, so sehr müssen wir aufpassen, das Kind durch übertriebenes Lob und Zuwendung nicht zu verunsichern: Es weiß ja nicht, dass seine ersten Wörter etwas Besonderes und evtl. lang Ersehntes sind. Es besteht die Gefahr, dass für das Kind völlig unverständlich ein großes Gewicht auf seine ersten Sprechversuche gelegt wird, und es dadurch eher wieder damit aufhört, anstatt fröhlich weiter zu probieren. Freuen Sie sich über die Fortschritte, gehen Sie aber ganz normal auf das ein, was das Kind gesagt hat.

Manche Kinder entwickeln schon früh einen großen Wortschatz zu Spezialgebieten: Sie kennen alle Dinosaurier-Namen, Pferderassen oder sämtliche Bezeichnungen von Baumaschinen. Dies verblüfft und beruhigt die Erwachsenen, weil das hörgeschädigte Kind in seinem Gebiet manchmal mehr weiß als normal hörende Kinder in seinem Alter. Das Kind bekommt für sein spezielles Wissen viel Anerkennung und das Interesse wird noch unterstützt, indem es z. B. immer wieder neue Dino-Figuren und Dino-Bücher geschenkt bekommt. Die intensive Beschäftigung mit einem Thema ist grundsätzlich natürlich positiv. Achten Sie aber darauf, dass das Kind auch seinen Alltagswortschatz erweitert. Regen Sie daher über gemeinsame Tätigkeiten im Alltag, Bücher oder Ausflüge gezielt auch andere Themen an.

Imitation

Kinder können Wörter nur sprechen und anwenden, wenn sie ihren Inhalt schon verstehen. Es gibt aber auch Phasen, in denen Kinder Wörter einfach nachplappern, noch ohne zu verstehen, was sie genau bedeuten. Voraussetzung dafür ist u. a., dass sie schon längere Zeit von sich aus Handlungen und Bewegungen imitieren, wie z. B. Tanzen, Klatschen, Bussi geben oder Winken.

Es gibt drei Imitationsphasen.

Das Nachplappern von Wörtern oder Satzteilen verläuft oft in drei Phasen: Zu Beginn werden nur ab und zu einzelne Wörter imitiert. In der nächsten Phase imitieren die Kinder aus nahezu jedem Satz, der gesagt wird, ein Wort oder eine Wortverbindung. Das ist auch die Zeit, wo erste Wörter in Singspielen, Liedern und Versen nachgeahmt werden. In der dritten Phase wird weniger imitiert. Es werden nur noch einzelne Wörter und Satzteile spontan nachgesprochen. Meist sind es die, die das Kind noch nicht kennt oder die ihm weniger vertraut sind.

Beispiel

Lena bekam mit 11 Monaten zwei CIs. Mit 16 Monaten sagte sie gezielt „da" und begann, einzelne Wörter spontan zu imitieren, wie „miau" oder „ab". Mit zwei Jahren kam sie in die Phase, in der sie ständig einzelne Wörter im Dialog von sich aus nachplapperte, und etwa mit drei Jahren imitierte sie nur noch einzelne, weniger bekannte Begriffe oder Wortverbindungen.

Tipp

→ Achten Sie bei den ersten Imitationen weniger auf die korrekte Aussprache als auf die Betonung und Sprachmelodie. Plappert das Kind „miau" oder „Hallo" mit Ihrer Betonung und Sprachmelodie nach, ist das ein sehr gutes Zeichen für seine Hör- und Sprachentwicklung!

Entwicklung der Aussprache

Beispiel

Fritzi ertaubte im ersten Lebensjahr durch eine Meningitis und bekam mit 1;4 Jahren ein CI. Er bezeichnete sich zu Beginn der Sprechentwicklung selbst mit „Didi", im Alter von vier Jahren sagte er „Ritzi" und etwa ein halbes Jahr später „Fritzi".

„Fehler" sind Entwicklungsschritte.

„Bume", „Tinderdarten" und „Necke", sind in der ersten Spracherwerbsphase keine Sprechfehler, sondern ganz normale Entwicklungsschritte. Bei normal hörenden Kindern dauert die Entwicklung einer korrekten Aussprache bis zum Alter von fünf bis sechs Jahren. Es gibt einfachere Sprachlaute (z. B. a, o, m, b) und schwierigere (z. B. s, sch, k, r) und es gibt einfachere und schwierigere Lautkombinationen. Besonders mehrere Konsonanten zu verbinden, ist zu Beginn schwieriger. Daher werden „Blume" und „Schnecke" auf „Bume" und „Necke" reduziert und trotzdem weiß jeder, was gemeint ist. Bei Kindern, die ihre ersten Wörter sprechen, ist es für alle nachvollziehbar, dass diese noch sehr undeutlich sind und meist nur von den Eltern oder Geschwistern verstanden werden. Sind Kinder schon älter, haben einen größeren Wortschatz und bilden Kombinationen mit mehreren Wörtern, sind Eltern manchmal besorgt und unsicher, ob nicht doch schon einzelne Sprachlaute geübt werden sollten.

Tipp

→ *Bedenken Sie immer das „Sprechalter", wenn Ihr Kind noch undeutlich spricht: Wie viel Zeit ist seit den ersten gesprochenen Wörtern vergangen? Die Aussprache entwickelt sich bei allen Kindern mit und ohne Hörstörung durch jahrelange Sprecherfahrung.*

Wörter werden einzeln meist deutlicher gesprochen als in Kombination mit anderen Wörtern. Es ist daher normal, wenn die Aussprache zunächst wieder etwas schlechter wird, wenn Kinder anfangen, in der Spontansprache mehrere Wörter aneinanderzureihen oder z.B. aufgeregt etwas erzählen.

Beim Erzählen wird die Aussprache oft undeutlicher.

Tipp

→ *Freuen Sie sich über einzelne Wörter, die Ihr Kind schon korrekt sprechen kann. Es zeigt Ihnen damit, dass es die Aussprache genau hören und auch umsetzen kann. Geben Sie ihm die Zeit, die es braucht, um insgesamt und auch für andere gut verständlich zu sprechen.*

Zusätzlich ist zu bedenken, dass Sprachlaute unterschiedliche Tonhöhen-Schwerpunkte haben und je nach Form der Hörkurve auch unterschiedlich gehört werden. Das Kind spricht einen Laut aus, wie es ihn hört. Mit einem starken Hochtonverlust, d.h. einer Hörkurve, die nach rechts zu den hohen Frequenzen steil abfällt, werden hochfrequente Zischlaute (z.B. s, sch, f, ch) auch mit Hörgeräten kaum oder gar nicht gehört. Dementsprechend werden sie gar nicht oder undeutlich gesprochen: Für „Eis" sagt das Kind „Ei" oder „Eid". In der Regel gelingt es jedoch, Kinder heutzutage technisch so zu versorgen, dass sie alle Tonhöhen, die für die Wahrnehmung von Sprache wichtig sind, auch hören können.

Sprachlaute werden so gesprochen, wie sie gehört werden.

Wenn Sie unsicher sind, ob Ihr Kind schon eine Artikulationstherapie braucht oder ob man die natürliche Entwicklung noch abwarten sollte, sprechen Sie mit Ihrer Frühförderin oder lassen das Kind zusätzlich von einer Logopädin untersuchen. Wichtig ist, dass diese Erfahrung mit hörgeschädigten Kleinkindern hat.

Entwicklung der Grammatik

Beispiel

Ein Vater stellt sich an der Supermarktkasse in einer langen Schlange an. Die 3-jährige Tochter Lisa sitzt im Einkaufswagen und gibt zu bedenken: „Da sind aber vielere."

Der 4-jährige Kevin sieht mit seiner Oma ein Bilderbuch zum Thema „Kindergarten" an und kommentiert ein Bild: „Schau mal, die Kindern rutschen."

Lisa ist normal hörend, Kevin trägt zwei CIs. Beide haben wichtige Regeln entdeckt und wenden sie an. Lisa kennt die Steigerungsformen „größere, kleinere, längere…", hat für sich daraus eine Regel entwickelt und wendet diese auch auf „viel" an, indem sie „vielere" sagt. Kevin hat eine Pluralregel entdeckt, nämlich ein „n" anzuhängen, wie bei „Socken, Katzen, Betten" und wendet sie auch bei „Kindern" an. Beide werden merken, dass die Erwachsenen oder ältere Kinder „mehr" und „Kinder" sagen und daher ihre Regeln verwerfen und neu anpassen. Das läuft natürlich unbewusst ab. Es zeigt aber: Grammatikentwicklung ist kein passives Nachahmen, sondern ein aktiver Prozess. Grammatikalische Strukturen müssen wachsen und brauchen Zeit für ihre Entwicklung. Versuchen Sie daher nicht, ganze Sätze zu üben, wenn Ihr Kind z. B. gerade anfängt, drei Wörter zu kombinieren, wie „Lea auch schaukeln".

Kinder entdecken selbst sprachliche Regeln.

Wenn Kinder schon älter sind und ausreichend Sprecherfahrung haben, d. h. in ihrer Sprechfreude gefestigt sind, können Sie Grammatikfehler auch mal im Dialog korrigieren. Verwenden Sie dazu wieder das Corrective Feedback, in dem sie den Satz des Kindes noch mal korrekt wiederholen und evtl. das Zielwort etwas mehr betonen. Dies sollte aber nicht zu oft geschehen und das Kind nicht beim Sprechen unterbrechen.

Haben Kinder langfristig Probleme mit der Grammatik, zeigt die Erfahrung, dass sowohl die Grammatik als auch die Aussprachentwicklung sich mit dem Lesen- und Schreibenlernen in der Schule oft stark verbessern.

Wenn Kinder lesen und schreiben lernen, verbessert sich oft auch die Grammatik.

Wenn Sie unsicher sind, ob eine gezielte Behandlung zur Grammatik notwendig ist, gilt dasselbe wie bei der Aussprachentwicklung: Besprechen Sie dies mit Ihrer Frühförderin oder Logopädin, die mit hörgeschädigten Kleinkindern Erfahrung hat.

Dialogentwicklung

Neben Hören, Wortschatz, Aussprache und Grammatik ist es wichtig, wie Kinder ihre Sprache anwenden.

Es beginnen Dialoge mit mehreren Sprecherwechseln.

Beobachten Sie mal, ob Sie immer auf Ihr Kind zugehen müssen oder ob Ihr Kind von sich aus Kontakt aufnimmt und kurze Dialoge anfängt, indem es Ihnen z. B. einen Gegenstand bringt, eine Frage stellt oder „Schau mal …" sagt. Ein nächster Schritt wäre, dass nicht nur eine Frage und die Antwort ausgetauscht werden, sondern zu einem Thema schon mehrfache Sprecherwechsel möglich sind, wie bei der 2-jährigen Anna: „Bär hat aua!" „Zeig mal. Wo hat der sich weh getan?" „Hat aua Bauch." „Oh, er hat Bauchweh. Sollen wir den Arztkoffer holen?"

Mehrere Gedanken zu einem Thema werden aneinandergereiht.

Ein anderer Entwicklungsschritt ist erreicht, wenn Kinder mehrere Gedanken zu einem Thema aneinanderreihen, wie Kevin, der gerne mit drei Jahren eingeschult werden wollte, als sein großer Bruder in die Schule kam: „Kevin auch groß. Kevin auch Schule. Morgen Schule gehen!" Dies ist auch die Zeit, wo Kinder anfangen, Erlebnisse zu erzählen.

Wenn Kinder im Alltag anfangen, zu diskutieren, ist dies zwar oft anstrengend, zeigt aber, dass sie gute Fortschritte machen und sprachlich selbstbewusster werden. Wenn Kinder immer mit „ja" antworten, ist das oft ein Ausweichverhalten, weil sie nicht genau verstanden haben, was gesagt wurde oder ausführlichere Antworten, besonders eine eigene Meinung zu formulieren, noch schwierig sind. Dazu kommt natürlich noch, welcher Typ ein Kind ist. Zum Diskutieren gehört auch, dass Kinder

Begründungen formulieren: „Ich will aber keine Matschhose anziehen, weil die brauch ich nicht." Sebastian überraschte mich kurz nach seinem dritten Geburtstag im Frühjahr beim Autospielen mit der Erklärung: „Nein, mein Auto fährt schneller, weil das hat schon Sommerreifen!"

Ein sehr wichtiger Entwicklungsschritt für hörgeschädigte Kinder ist, wenn sie anfangen, nachzufragen. Der Grund kann sein, dass sie entweder akustisch oder inhaltlich etwas nicht verstanden haben. Das Vorbild der Erwachsenen ist dafür sehr entscheidend: Fragen Sie nach, wenn Sie Ihr Kind nicht ganz verstanden haben. Sprechen Sie vielleicht auch mal aus: „Jetzt habe ich nicht genau verstanden, was du willst. Ist dein Roller kaputt? Soll ich mitkommen?" Wenn Ihr Kind erlebt, dass auch Erwachsene immer wieder mal nachfragen müssen, gehört dies für sie ganz natürlich dazu. Später sollte das „Was?" oder „Hä?" zum „Wie bitte" werden.

> **Gezielt und selbstbewusst nachzufragen, lernen Kinder u. a. durch ein gutes Vorbild.**

Gezielte Fragen – gezielte Antworten

▸ Ein wichtiger Entwicklungsschritt für hörgeschädigte Kinder ist, wenn sie beginnen, inhaltlich genauer nachzufragen, wie z.B.: „**Wer** kommt morgen?", „**Wo** gehen wir später hin?" oder „**Was** muss der Papa neu kaufen?" So ist klar, was nicht verstanden wurde und es kann gezielt darauf geantwortet werden.

Kinder fragen nicht nur nach, wenn sie etwas nicht verstanden haben, sondern auch, wenn sie weitere Details wissen wollen. Die Mutter sagt z.B.: „Der Basti kommt heute nicht." Das Kind fragt nach: „Warum kann der Basti heute nicht kommen? Wo ist der heute?"

Auch im Erwachsenendialog gibt es Missverständnisse.

Auch in Dialogen normal hörender Erwachsener wird nachgefragt und nach passenden Wörtern gesucht, gibt es Unklarheiten und Missverständnisse. Verlieren Sie dies bei aller Aufmerksamkeit auf die Sprachentwicklung Ihres Kindes nicht aus den Augen. Beobachten Sie unter diesem Aspekt mal Ihr nächstes Gespräch unter Freunden und verlangen Sie von Ihrem Kind langfristig gesehen nicht, dass es perfekter ist als Sie selbst.

Förderung im Alltag

Einen Löffel vom Hochstuhl werfen, mit Mamas Schlüsselbund klappern, einen Eimer mit Wasser füllen, über Kieswege laufen und beim Wickeln, Füttern, Anziehen und gemeinsamen Einkaufen ins Gespräch kommen – Kinder mit und ohne Hörstörung erwerben Sprache im Alltag. Die ganz normalen Momente des täglichen Lebens, die gar nicht nach Förderung oder Therapie aussehen, sind die entscheidenden Situationen für die Hör- und Sprachentwicklung Ihres Kindes. Hörgeschädigte Kleinkinder brauchen kein Hörtraining, sondern eine interessante Hörumgebung.

Hören wird für Ihr Kind interessant, wenn es erlebt, dass Geräusche eine Ursache haben, dass Stimmen zu Menschen gehören und Sprache Inhalte vermittelt. Voraussetzung dafür ist, dass das Kind zu allen Wachzeiten seine Hörgeräte oder CIs trägt und diese immer korrekt eingestellt und funktionstüchtig sind. Die ersten Hörreaktionen zeigen Kinder fast immer auf Geräusche, nicht auf Sprache.

Beispiel

Sebastian ertaubte nach einer Meningitis. Drei Monate nach seiner CI-Versorgung, im Alter von 20 Monaten berichtet die Mutter, dass er die ersten sicheren Hörreaktionen am Altglascontainer zeigt: Er darf immer die Flaschen durch das Loch stecken und bei dem anschließenden lauten Geräusch blickt er die Mutter immer wieder mit großen, erstaunten Augen an.

Geräusche erkunden

Am einfachsten entdecken Kinder die Ursache von Geräuschen, wenn sie diese selbst erzeugen können. Wenn dies nicht möglich ist, müssen wir den Kindern zeigen, was sie gerade gehört haben: Ein Kind hört in der Wohnung laute Autogeräusche, unterbricht sein Spiel und sieht sich fragend um. Der Vater wendet sich ihm zu, erklärt, dass das Müllauto gerade vor dem Haus steht, geht mit ihm zum Fenster und sie schauen gemeinsam zu, wie die Tonnen geleert werden. Oder am Spielplatz zwitschert laut eine Amsel und die Oma zeigt dem Kind, das erstaunt sein Sandspiel unterbrochen hat, den schwarzen Vogel, der oben auf dem Baum sitzt.

Lassen Sie das Kind selbst Geräusche erkunden.

Auch so etwas Selbstverständliches wie die eigenen Schritte können zum Hörerlebnis im Alltag werden. Kinder, die noch in der Phase sind, in der sie die Welt der Geräusche entdecken, lauschen oft gespannt, wenn sie über Kies oder durch trockenes Laub gehen. Die 6-jährige Laura nannte noch Jahre später ihre Lackschuhe „tock-tock-Schuhe", da sie als Kleinkind so fasziniert war von deren Geräusch beim Laufen, das sie nach der Hörgeräteversorgung erstmalig wahrnehmen konnte. Sie sehen, man muss dem Kind nicht spezielle Geräusche-Spielzeuge kaufen. Natürlich hat jedes Kind mal Spaß an einem Spielzeug, das auch Geräusche macht – für die Hörentwicklung spielen diese Sachen jedoch keine wesentliche Rolle.

„Das in vielen Videoaufzeichnungen zu beobachtende Anbieten von einem Spielzeug nach dem anderen, das Geräusche erzeugt, vermag nicht wirklich die Aufmerksamkeit des Kindes zu fesseln, der Höreindruck ist oftmals nur ein Stimulus, auf den das Kind kurz reagiert, der ihn jedoch nicht weiter interessiert. Es führt zu keinem echten Austausch zwischen Mutter und Kind, die Situationen wirken oft hektisch, weil mit den Spielsachen häufig auch die Formate gewechselt werden. Dadurch zerfällt die Situation, die Chance, sinnerfüllt hören zu lernen, ist vertan" (Horsch 2007, 10).

Tipp

→ *Wenn Ihr Kind beginnt, Geräusche und deren Ursache im Alltag zu entdecken, bitten Sie Besucher, die häufiger zu Ihnen kommen, dass sie dreimal läuten. Ist Ihr Kind in eine Handlung vertieft, kann es ein eimaliges kurzes Läuten leicht überhören; bei dreimal wird es jedoch aufmerken und neugierig mit Ihnen zur Tür laufen. Selbst die Türklingel zu erkunden führt zu einem beliebten Guck-Guck-Spiel: Einer steht mit dem Kind draußen und läutet, der andere macht die Tür auf und umgekehrt.*

Beispiel

Luka, 14 Monate alt, sitzt auf dem Boden und erkundet verschiedene Gegenstände aus der Puppenküche. Er macht kleine Töpfe auf und zu, wirft Kastanien in einen Topf und schüttet sie wieder aus, klopft mit einem kleinen Kochlöffel auf den Teppich und auf einen Topf... Die Mutter sitzt dabei, greift nicht in das Spiel ein und spricht erst mit ihm, als er ihr einen Topfdeckel geben möchte.

Sprachliche Kommentare dürfen zu Beginn die Geräusche nicht überdecken.

Luka macht in dieser Spielsequenz umfangreiche Hörerfahrungen: „Was höre ich, wenn ich eine Kastanie in einen Topf lege oder wenn ich sie hineinwerfe? Wie klingt es, wenn ich die Kastanien auf den Teppich schütte, den Deckel auf den Topf lege oder mit dem Kochlöffel auf den Plastikteller, den Topf oder den Teppich klopfe?" Da er seine Handlungen, wie alle Kinder in seinem Alter, ständig wiederholt, wiederholen sich auch die Geräusche. Entscheidend ist, dass er die Geräusche selbst erzeugt. So erfährt er, *was wie* klingt.

Alltagsgeräusche sind wichtiger als Spielzeug.

Außerdem lernt er keine sinnentleerten Geräusche, wie dies oft bei Geräusche-Spielzeugen der Fall ist. Wenn er später aus der Küche ähnliche Geräusche hört, weiß er, dass jemand in der Küche arbeitet, auch wenn er von dem anderen Zimmer aus niemand sehen kann – er entnimmt den Geräuschen die wichtige Information „Ich bin nicht allein". Die Mutter in unserem Beispiel weiß, dass es für Luka wichtig ist, sprachlich viel mit ihm zu kommunizieren. Dennoch nimmt sie sich in dieser Situation zurück, um ihm die Möglichkeit zu geben, ausgiebig die Gegenstände und die damit verbundenen Geräusche zu erkunden. Durch begleitendes Sprechen, wie z.B. „Du kannst aber schon schön kochen. Machst du den Topf zu? Pass auf, der Topf ist heiß!", würde sie mit ihrer Stimme die Geräusche überdecken und Luka würde vermutlich in dieser Situation auch nicht auf ihre Sprache achten, weil er intensiv in seine Handlungen vertieft ist. Sobald er zeigt, dass er bereit ist für eine Interaktion, indem er einen Gegenstand der Mutter gibt, Blickkontakt aufnimmt und kommunikativ lautiert, beginnt die Mutter, mit ihm zu sprechen. Ein halbes Jahr später werden die beiden beim Kochenspielen natürlich mehr miteinander sprechen, weil dann das Erkunden der Geräusche nicht mehr im Vordergrund steht.

Tipp

→ *Wenn Ihr Kind gerade in dem Alter ist, in dem es Gegenstände hin und her räumt, richten Sie ihm eine untere Küchenschublade ein, die es gefahrlos selbstständig erkunden darf. Achten Sie dabei auf verschiedene Materialien, die unterschiedliche Geräusche machen: Ein Schneebesen, ein Topfdeckel aus Metall, ein Kochlöffel aus Holz oder ein kleines Holzbrett, ein Suppenlöffel, eine größere und eine kleinere Tiefkühldose mit Deckel und ein Topflappen. Das Kind hört dann z.B., wie der Schneebesen klingt, wenn es ihn auf den Boden patscht oder wenn es damit in der Schüssel rührt.*

Haben Sie keine Scheu davor, Ihr Kind auch auf leise Geräusche aufmerksam zu machen oder mit ihm zu flüstern, wenn z.B. die Puppe schläft oder ein Geheimnis ausgetauscht werden muss. Wenn Kinder immer nur auf Geräusche aufmerksam gemacht werden, auf die sie schon sicher reagieren, lernen sie nicht, auch auf undeutlichere, leisere zu achten. Ziehen Sie z.B. abends am Bettchen eine Spieluhr auf, auch wenn Ihr Kind bisher nur auf lautere Geräusche reagiert. Das hat natürlich nur

Auch leise Geräusche und Stille hören ist wichtig.

Sinn, wenn Sie die Hörgeräte erst kurz vor dem Einschlafen herausnehmen.

Falls Ihr Kind von sich aus noch wenig auf Geräusche reagiert, können Sie es zusätzlich durch eine Horchgeste (Finger ans Ohr halten) auf Geräusche im Alltag aufmerksam machen.

Tipp

→ *Zu Beginn der Hörentwicklung werden Geräusche deutlicher, wenn sie zusätzlich versprachlicht werden: „Ding dong – wer kommt denn da?" (Türgong), „Drrr – die Nudeln sind fertig!" (Küchenwecker). Außerdem imitieren Kinder diese Lautmalereien oft spontan. Wichtig dabei ist, das Geräusch mit der Sprache nicht zu überdecken, sondern erst zu sprechen, nachdem das Geräusch gehört wurde.*

Zu dem Erkunden der akustischen Welt des Alltags kommen die frühen Erfahrungen mit einfachen Musikinstrumenten und die Interaktion bei Liedern, Versen und Fingerspielen hinzu *(Kap. 7)*. Schwerpunkt der Förderung bleibt jedoch von Anfang an der Dialog mit dem Kind.

Ein akustisch gutes Hörumfeld ist für jeden Menschen die Grundvoraussetzung für eine erfolgreiche und mühelose sprachliche Kommunikation. Natürlich hat man nicht immer Einfluss darauf, ob gerade Geräusche, Stimmen oder Musik im Hintergrund die Hör-Wahrnehmung erschweren. Wenn Sie mit dem Kind gemeinsam etwas spielen, ein Buch ansehen oder ein Essen vorbereiten, können Sie aber z. B. darauf achten, dass nicht gleichzeitig die Spülmaschine eingeschaltet wird, durch ein offenes Fenster lauter Straßenlärm kommt oder der Fernseher nebenbei läuft. Hörgeschädigten Kindern fällt

Nebengeräusche sollten reduziert werden.

das Filtern von Stör- und Nutzschall grundsätzlich schwerer als normal hörenden Kindern, auch wenn die sprachliche Entwicklung gut ist und man den Eindruck hat, dass das Kind mit Hörgeräten oder CI sehr gut hört. Es sollte daher im häuslichen Umfeld und auch in Krippe und Kindergarten auf eine gute Raumakustik und Lärmreduzierung geachtet werden.

Beispiel

Florians Opa bereitet in der Küche das Abendessen vor und hört dabei Radio. Der 3-jährige Florian kommt nach einiger Zeit dazu und schaut neugierig, was der Opa macht. Daraufhin schaltet dieser das Radio aus, spricht mit Florian und bezieht ihn in seine Arbeit ein. Wenn Florian selbst gerade laute Geräusche erzeugt, weil er in der Besteckschublade einen Löffel sucht, spricht er in diesem Moment nicht mit ihm, sondern wartet kurz ab.

Rituale im Alltag

„Kinder lieben Rituale nicht nur, sie brauchen sie, um sich in der Welt wohl zu fühlen und sich in ihr zurechtzufinden. Rituale geben ein Gefühl von Sicherheit, Gemeinschaft und Geborgenheit" (Kaufmann-Huber 1995).

Der Alltag von Säuglingen und Kleinkindern ist stark von immer wiederkehrenden Handlungen geprägt. Durch diese täglichen Rituale bekommen sie Orientierung, weil sie wissen, was als Nächstes passieren wird, und es ergeben sich ganz natürlich auch sprachliche Wiederholungen, die für hörgeschädigte Kinder in den ersten Jahren so wichtig sind. Beim Waschen, Wickeln, Anziehen und Füttern wird immer wieder über die gleichen Themen gesprochen. Sie müssen dabei aber nicht darauf

Rituale geben Halt und Sicherheit.

achten, immer die gleichen Sätze zu sagen, die Kommunikation wäre dadurch unnatürlich und nicht mehr spontan.

Tipp

→ *Hilft Ihr Kind gerne beim Tisch decken? Verwenden Sie für die Familienmitglieder im Alltag kleine Tischkärtchen mit den Namen, die jedes Mal neu auf die gewohnten Plätze verteilt werden. Dadurch lernt Ihr Kind schnell die geschriebenen Namen zu erkennen.*

Ein gemeinsames Essen durch einen Tischspruch, wie „Piep, piep, piep, guten Appetit!" oder ein Tischgebet zu beginnen, ist ein einfaches Ritual, das zum Mitsprechen anregt. Wenn Sie anstatt Tellergerichten mal das Essen in Schüsseln auf den Tisch stellen, ergeben sich mehr Dialoge: „Möchtest du noch Reis?", „Wer möchte noch ein paar Nudeln?", „Gib mir bitte den Salat rüber!"

Gemeinsam kochen bietet viele Sprachanlässe.

Es gibt wenige Haushaltstätigkeiten, die so sprachfördernd sind, wie gemeinsam zu kochen. Nehmen Sie sich ab und an die Zeit, es lohnt sich! Kein Förderspiel bietet so viele Dialoganlässe und intensive Wortschatzerweiterung mit Verben (schneiden, braten, backen, kochen, umrühren, mischen, reiben, teilen …), Adjektiven (frisch, groß, klein, scharf, süß, bitter, gut, schlecht …), Präpositionen (an, auf, über …) und Substantiven (Kräuter und Gewürze, Lebensmittel, Küchengeräte …).

Gemeinsam kochen – intensive Sprachförderung mit Spaß

Beispiel

Der 3-jährige Boris spielt sehr gerne in der Kochecke. Er serviert dem Vater und mir eine Knete-Pizza und tut so, als ob er mit den Fingern etwas darüber streut. Auf meine Frage, was das sei, antwortet er: „Majoran." Ich bin erstaunt über die Antwort, weil Boris noch am Anfang seiner Sprachentwicklung steht. Für den Vater ist das gar nicht überraschend und er erklärt, dass es schon zum Ritual geworden ist, dass er mit Boris am Wochenende kocht, dieser an allem riechen will und daher die Kräuter besonders interessant sind.

Auch andere Haushaltstätigkeiten, wie putzen, Spülmaschine und Waschmaschine ein- und ausräumen faszinieren Kleinkinder und bieten viele Möglichkeiten zur Geräuscherkundung und für Gespräche. Sortieren Sie gemeinsam das Geschirr, das Besteck oder die Wäsche, lassen Sie Ihr Kind den Staubsauger ein- und ausschalten oder füllen Sie gemeinsam einen Putzeimer mit Wasser: Erst ist der Eimer leicht, dann sehr schwer. Man muss aufpassen, dass man kein Wasser verschüttet. Beim anschließenden Putzen spielen Präpositionen, wie „oben, unten, hinter, vor" eine große Rolle, damit es auch überall sauber wird.

Sortieren und aufräumen bietet viel sprachliche Wiederholung.

Zu den Ritualen im Alltag gehört auch das tägliche Abendritual. Ein kurzes Gespräch darüber, was an diesem Tag schön war, eine Gute-Nacht-Geschichte oder ein Lied runden den Tag ab. Bedenken Sie dabei, dass Ihr Kind abends schon müde ist. Da Bilderbücher und Geschichten sehr wichtig sind für seine Entwicklung, ist es gut, wenn Sie neben dem abendlichen Vorlesen auch tagsüber mal Zeit dafür finden *(Kap. 8)*.

Abendrituale runden den Tag ab.

Tipp

→ *Verwenden Sie im Kinderzimmer immer ein kleines Nachtlicht! Wenn hörgeschädigte Kinder nachts in einem dunklen Zimmer aufwachen, sind sie sehr verunsichert, weil sie sich weder über das Hören noch über das Sehen orientieren können.*

Kalender geben Orientierung

Kinder, die noch wenig Sprachverständnis haben, sind im Alltag oft überrascht bzw. irritiert, wenn Dinge geschehen, die sie nicht erwarten. So holen sie z. B. am Samstag die Kindergartentasche und wundern sich, warum die Mutter sie wieder an die Garderobe hängt.

Ein Tagesschema mit Fotos gibt den Kindern Orientierung.

Kindgemäße Kalender können hier helfen und geben Sicherheit. Sie können auf einer Pinnwand (Vorteil von Magnet-Pinnwänden ist, dass es keine Pinnadeln gibt, die evtl. gefährlich sein könnten) ein Tages- oder Wochenschema gestalten, wie es Schmid-Giovannini entwickelt hat. In vielen Familien ist es ein fester Bestandteil des Alltags geworden, morgens z. B. einen bunten Magnet einen Tag vorzurücken und zu sehen, was ansteht. Grundprinzip der Pinnwandkalender ist, dass Fotos oder andere Bilder abwechselnd in eine Spalte für vormittags und nachmittags oder beim Wochenkalender in eine Spalte für einen bestimmten Tag geheftet werden können. Hängt z. B. in der Nachmittagsspalte ein Foto von der Oma, kommt diese zu Besuch. Hängt unter jedem Wochentag das kleine Foto vom Kindergarten, am Wochenende aber nicht, ist klar: „Heute, am Samstag, bleibt die Tasche an der Garderobe." Mit einem Tagesschema kann etwa ab einem Alter von gut zwei Jahren begonnen werden. Achtet das Kind nach einigen Wochen noch gar nicht darauf, probieren Sie es einfach später noch einmal.

Mit dem Wochenkalender werden Zeiträume, wie gestern, heute, morgen und übermorgen deutlich. Wenn am Ende der Woche ein kleines Bild mit einem Geburtstagskuchen, dem Nikolaus oder einem Koffer (als Symbol für eine Reise)

Kalender helfen, Zeitbegriffe zu verstehen.

hängt, kann das Kind Vorfreude aufbauen und immer wieder ausrechnen, wie oft es noch schlafen muss, bis das erwartete Ereignis eintritt. Für Kinder, die schon älter sind und erste Wörter lesen können, haben sich die langen Bürokalender bewährt, die für jeden Tag eines Monats eine Spalte haben. Kleine Zeichnungen, Symbole oder Schrift geben hier die Informationen. Dies ist eine hohe Motivation für die Kinder, erste Wörter zu lesen, da sie ja neugierig sind, was heute oder auch nächste Woche geschehen wird.

Beispiel

Adventskalender sind für Kleinkinder ausgesprochen interessant, weil sie neugierig sind, was sich hinter dem nächsten Türchen versteckt. Gleichzeitig sind sie eine hohe Herausforderung an ihre Geduld. So hört die 2-jährige Sabi-ne jeden Tag mehrfach, dass die Mutter sagt: „Jeden Tag nur eins aufmachen! Nein, das bleibt zu, immer nur eins!" Am vierten Tag sagt sie selbst „auf" und „eins", zwei ihrer ersten Wörter.

Vom Begreifen zum Begriff

Die Sprachentwicklung ist eng verknüpft mit allen anderen Entwicklungsbereichen.

„Tatsächlich brauchen (und haben) die Kinder ein funktionierendes Wissen über ihre Welt, bevor sie Sprache erwerben können. Ein solches Wissen gibt ihnen die semantischen Ziele, welche irgendwie den Unterscheidungen entsprechen, die sie mit der Sprache erwerben" (Bruner 1997, 27).

Mit semantischen Zielen sind Inhalte und Bedeutungen gemeint. Wenn ein 14 Monate altes Kind z.B. einen Baumstamm anfasst und sich daran festhält, begreift es z.B. die Bedeutung von „hoch, fest, rau, dick", bevor es die Wörter kennt. Macht es diese Erfahrungen in ganz unterschiedlichen Situationen immer wieder und hört dazu die Kommentare der Erwachsenen, wird es später diese Wörter verstehen und auch selbst sprechen. Daher ersetzen Abbildungen im Bilderbuch, z.B. von Bäumen, nie die konkrete Erfahrung.

Die Welt wird mit allen Sinnen entdeckt.

Beispiel

Rafael, ein schwerhöriges Kind mit Down-Syndrom, sagt zum ersten Mal „groß", als er die Schuhe von seinem Papa in der Garderobe entdeckt, hineinschlüpft und damit versucht, das nächste Zimmer zu erreichen. Voraus- *setzung dafür ist, dass er vorher schon zahlreiche Erfahrungen durch das Begreifen von kleinen und großen Dingen gemacht hat und diese Wörter schon oft im Zusammenhang gehört hat.*

Für Ihr hörgeschädigtes Kind ist die Interaktion und Kommunikation im Alltag für seine gesamte Entwicklung von großer Bedeutung. Doch Ihr Kind braucht auch immer wieder Zeiten für sich. Ein häufiges Problem bei Kindern, die intensiv gefördert werden, ist, dass sie sich kaum alleine beschäftigen können, weil sie es gewohnt sind, dass sich oft jemand mit ihnen befasst. Deshalb sollten Sie wissen, dass es für die Entwicklung des Kindes kein Problem ist, wenn Sie mal eine Auszeit brauchen oder etwas anderes zu tun haben. In diesen Zeiten können sich z.B. Erfahrungen und Gelerntes setzen und festigen. Hörpausen und sich zurückziehen sind wichtig, um auszuruhen und Energien zu sammeln. Der ganze Alltag ist für ein

Alleine spielen ist auch wichtig.

hörgeschädigtes Kind deutlich anstrengender, da es sich beim Hören mehr konzentrieren muss als ein normal hörendes Kind. Alleine zu spielen hat aber auch noch andere wertvolle Aspekte. Das Kind muss für kleine Probleme eigene Lösungswege finden. Vielleicht beruhigt es Sie, wenn Sie sich bewusst machen, dass Ihr Kind auch dann wichtige Fortschritte in der Sprachentwicklung machen kann, wenn es sich z. B. draußen alleine beschäftigt. So sammelt es vielleicht Steine in einem Eimer, schleppt diesen zu einer Schubkarre, leert ihn aus und wiederholt dies einige Male. Neben den Hörerfahrungen wie „große Steine klingen anders beim Fallen als kleine" nimmt es Größenunterschiede mit den Händen wahr, spürt das Gewicht der Steine, des vollen und leeren Eimers, muss trotz der schweren Last beim Laufen das Gleichgewicht halten und beim Ausleeren genau hinschauen, damit es den Inhalt nicht neben die Schubkarre kippt. Nur mit diesen vielen alltäglichen Erfahrungen mit allen Sinnen kann das Kind auch Sprachverständnis und eigenes Sprechen lernen.

Tipp

→ *Möchten Sie Ihr Kind motivieren, etwas mitzumachen, fangen Sie einfach an, es zu tun. Die Neugier und die Lust nachzuahmen, was die Großen machen, führt meist dazu, dass Ihr Kind von sich aus kommt, beobachtet, was Sie tun und mitmachen möchte.*

Führen Sie zu Hause keine Förderstunden durch.

Wie Sie sehen, gibt es im Alltag eine Fülle von entwicklungsfördernden Situationen. Gezielte Übungsstunden am Tag können diese Intensität und Menge an Anregungen und Förderung nicht leisten. Außerdem werden vorgeplante Übungsstunden selten dem momentanen Interesse eines Kleinkindes gerecht. Vielleicht will es in der täglichen Übungsstunde gerade viel lieber mit anderen Kindern draußen spielen. Das heißt jedoch nicht, dass es nicht sinnvoll ist, sich immer wieder im Tagesablauf Zeit für das Kind zu nehmen, um gemeinsam Alltag zu erleben, zusammen die Welt zu erkunden und dabei miteinander zu sprechen, was in der normalen Alltagshektik oft zu kurz kommt.

Zum Abschluss dieses Kapitels noch einige Anmerkung zum Umgang mit den Alltagsmedien Telefon, Fernseher und PC.

Kinder brauchen auch Zeit für sich allein.

Telefon, Fernseher und PC

Telefon

Greift Ihr Kind auch gerne nach dem Spielzeugtelefon und plappert irgendetwas hinein? Rennt es beim Läuten des echten Telefons immer hin oder interessiert es sich einfach für die Knöpfe, die man drücken kann? Warum sind schon ganz kleine Kinder oft wie verrückt danach? Ganz einfach: Eltern wenden sich dem Telefon sofort zu, wenn dieses „ruft" und beschäftigen sich teilweise lange mit ihm. Nutzen Sie das Interesse Ihres Kindes für erste „Gespräche" mit einem Spielzeug-Telefon. Oft imitieren Kinder, die noch kaum sprechen können, die Art, wie Mama und Papa telefonieren, die Telefon-Prosodie, auch ohne echte Wörter zu benutzen. Klingt das wie echt, erlaubt es oft eine gute Prognose für die weitere Sprachentwicklung, weil es zeigt, dass die Kinder die Sprachmelodie und die Betonung sehr genau hören und nachahmen können. Bei diesen Spielen sagen die Kinder nicht selten auch ihr erstes „Hallo". Beim Drücken der Tasten können auch sehr gut Ziffern benannt und wiederholt werden: „Eins, zwei, drei, vier ... Hallo Oma!"

Telefonieren wird früh imitiert.

Telefonieren ist für hörgeschädigte Menschen schwieriger als für normal hörende, da sie ausschließlich die Sprache hören und keinerlei Zusatzinformationen über die Mimik, das Mundbild, die Körpersprache oder die Situation bekommen. Außerdem ist die Übertragungsqualität schlechter als in einer natürlichen Kommunikationssituation. Erkundigen Sie sich bei Ihrem Akustiker über geeignete Telefone und zusätzliche technische Hilfen.

Die 2-jährige Luisa ist oft die Erste am Telefon und blickt erstaunt, wenn die Mutter erklärt, dass der Opa am Telefon ist, weil sie keinen Opa sieht und das Prinzip eines Telefons noch nicht verstanden hat. Nachdem die Eltern ein Foto vom Opa mit seinem Handy am Ohr gemacht haben und dieses Luisa bei den nächsten Anrufen zeigen, versteht sie schnell, was es bedeutet, mit dem Opa zu telefonieren.

Tipp

→ *Die meisten hörgeschädigten Kleinkinder verstehen Anrufer am besten über die Lautsprecher-Funktion. Außerdem kann so ein Erwachsener das Gespräch mit verfolgen und eventuell helfen.*

Hier noch einen Tipp für ältere Kinder von Armin Löwe, dem Pionier der Frühförderung hörgeschädigter Kinder in Deutschland: Hören Sie sich Ansagedienste an (Wetter, Lottozahlen ...). Hier kann sich das Kind in Ruhe in eine fremde Stimme einhören und hat nicht den Druck, etwas verstehen zu müssen, um richtig reagieren zu können. Es besteht also keine Gefahr, sich durch eine falsche Reaktion zu blamieren, da man selbst ja nicht sprechen muss.

Mit Ansagediensten das Hören am Telefon üben.

Die Fortschritte der Hörtechnik in den letzten 20 Jahren haben es möglich gemacht, dass auch gehörlose Kinder mit CI in der Regel gut telefonieren können. Daneben sind Skype, E-Mail und SMS schnelle und sichere Kommunikationsmedien für Hörgeschädigte, durch die man heute auch über das Handy überall gut in Kontakt ist.

Fernseher und PC

Beim Fernsehen lernen Kinder weder hören noch sprechen, weil keine Kommunikation möglich ist. Auch zum Erlernen von Deutsch als Zweitsprache ist der Fernseher nicht geeignet. Läuft zu Hause oft ein Fernseher im Hintergrund, wird das Hören insgesamt sehr erschwert: Das Kind kann im Gespräch mit den Eltern, Geschwistern und Freunden nicht alles verstehen und die gesamte Kommunikation ist mit diesem Hintergrundgeräusch viel anstrengender. Ein ständig laufender Fernseher fördert die Sprachentwicklung nicht, sondern behindert sie.

Fernsehen ist nicht sprachfördernd.

Ein Fernseher reagiert nicht auf das Kind:

- Er hört nicht zu.
- Er antwortet nicht.
- Er lobt nicht.
- Er lacht nicht.
- Er wird nicht ärgerlich.

Fernsehen reduziert die Höraufmerksamkeit auf Sprache.

Hinzu kommt, dass Kleinkinder häufig Wörter, Sätze und inhaltliche Zusammenhänge noch nicht verstehen und sich schnell daran gewöhnen, nur auf die Bilder zu achten, während die Sprache als Nebensache im Hintergrund abläuft. Die Höraufmerksamkeit auf Sprache wird dadurch also nicht gefördert, sondern auch reduziert.

Andererseits gehört Fernsehen, z.B. mit dem täglichen Sandmännchen, zum Alltag der meisten Familien. Geeignete Filme können für Kinder eine Auszeit sein, ihnen Spaß machen und dadurch entspannend wirken. Wählen Sie Fernsehsendungen gezielt aus, noch besser sind jedoch DVDs. Die können mehrmals angesehen werden. Diese Wiederholung lieben alle Kleinkinder und der Inhalt wird besser verständlich. Außerdem wissen Sie genau, was angesehen wird, und können anschließend mit dem Kind darüber sprechen. Achten Sie neben passenden Themen darauf, dass die Sprache gut zu verstehen ist. Manchmal sind z.B. Stimmen in Zeichentrickfilmen stark verfremdet und durch gleichzeitige Musikeinspielungen und Geräusche oft überdeckt.

Ein guter Einstieg für eine Geschichten-Audio-CD ist die Vogelhochzeit von Rolf Zuckowski. Hier werden neben der Musik kurze Texte gut verständlich gesprochen und es gibt die Geschichte auch als DVD und Liederbüchlein. Solche Kombinationen erleichtern Kindern den Zugang zu ersten Geschichten-CDs.

CD, DVD und Buch kombinieren

Computer gehören heutzutage zu den Alltagsmedien und nahezu alle Familien haben einen Internetzugang. Schon 2-Jährige patschen und wischen auf dem Tablet-PC herum, staunen über die Veränderungen und Kinder zwischen drei und vier Jahren beherrschen den Umgang mit der Maus. Es gibt Lernsoftware für jedes Alter, Spiele und spezielle Software für die Hör-Wahrnehmung. Für die Hör- und Sprachförderung von Kleinkindern sind PC-Programme nicht notwendig und auch nicht sinnvoll. So ist ein Spiel am PC zur Erkennung von Tierstimmen nur für ältere Kinder zu empfehlen, wenn diese schon Erfahrung zu dem Thema gemacht haben, z.B. durch Erlebnisse mit echten Tieren (Zootiere, Haustiere, Kühe und Pferde auf einer Weide, Besuch eines Bauernhofs...), durch Spiele mit

Lernsoftware ersetzt nicht die konkrete Erfahrung.

Tierfiguren, durch die Nachahmung von Tieren oder durch das gemeinsame Betrachten von Bilderbüchern mit Tieren. Auch die beste Lern-Software ist immer nur eine Ergänzung und nie ein elementarer Teil der Förderung hörgeschädigter Kinder. Unterhaltende Spiele am PC gehören heutzutage für ältere Kinder zum Alltag dazu und sollten gerade deshalb gut ausgewählt werden. Es ist ratsam, sie konsequent zeitlich zu begrenzen, da sie schnell süchtig machen.

Die virtuelle Welt kann niemals die Kommunikation mit dem Kind ersetzen oder die Erfahrungen, die es mit all seinen Sinnen macht, wenn es z.B. mit anderen Kindern spielt, unter einem Busch ein Haus baut oder mit dem Opa etwas repariert.

Förderung im Spiel

Im Spiel erobern Kinder die Welt. Sie machen dabei Erfahrungen, die für ihre gesamte Entwicklung von elementarer Bedeutung sind. Wenn es gelingt, uns auf das gemeinsame Spiel mit dem Kind einzulassen und zusammen Spaß zu haben, ergeben sich immer auch intensive Gesprächssituationen. In diesem Kapitel finden Sie zahlreiche Anregungen, wie Sie die Interessen Ihres Kindes im Spiel aufgreifen und für die Sprachförderung nutzen können.

6

Räum-, Such- und Ratespiele

Räumspiele

Besonders im Krabbelalter und zu Anfang des zweiten Lebensjahres sind Räumspiele sehr beliebt. Schubladen, Regale und Spielzeugkisten werden ausgeräumt und Fernbedienungen zwischen Sofakissen „versteckt". Beim gemeinsamen Aus- und Einräumen und beim Suchen von Gegenständen ergeben sich viele natürliche sprachliche Wiederholungen. Außerdem benennen Kinder oft spontan Personen und Dinge, die fehlen oder plötzlich nicht mehr da sind. Besonders vom Ende des ersten Lebensjahres bis zum zweiten Geburtstag findet die Kontaktaufnahme fast immer über Geben, Nehmen und Zeigen von Gegenständen statt. Das ist der Grund, weshalb zu den ersten 20 gesprochenen Wörtern oft „Danke" gehört. Dieses Wort hören die Kinder immer wieder, wenn sie Erwachsenen einen Gegenstand geben: „Danke, kriegt die Oma den Löffel, danke." In diesem Alter beginnt auch das Interesse an Form-Boxen.

Durch Geben und Nehmen entstehen frühe Dialoge.

Beispiel

Tim, 18 Monate, spielt gerne an einer alten Gartenbank, die ein Astloch hat. Unermüdlich hebt er Kieselsteine auf und steckt sie durch das kleine Loch – eine wunderbare natürliche Form-Box. Er lernt bei den zahllosen Wiederholungen, wie es klingt, wenn die Steine auf den Boden fallen, übt seine Feinmotorik und experimentiert mit den Größen der Steine. Die Mutter beobachtet ihn und kommentiert: „Oh, der Stein ist aber groß. Probier mal – hmm, der passt nicht" oder „Ja, einzeln klappt das besser – nicht alle auf einmal reinstecken". Sie bemerkt, dass Tim sich sehr auf die Handlung konzentriert, und spricht daher nur wenig.

Aus Dosen mit einem Plastikdeckel können Sie erste Form-Bo-xen basteln. Schneiden Sie in den Deckel ein rundes Loch. Zum Reinstecken eignen sich besonders gut Tischtennisbälle. Im Ge-gensatz zu Holzkugeln dürfen diese auch mal ge-fahrlos geworfen werden, sie machen Geräusche, wenn sie auf dem Boden hüpfen, und man kann gut hören, wenn sie in die Dose fallen. Noch deutlicher wird das Geräusch im Kontrast, wenn Sie auch leisere Bälle aus Schaumstoff oder

Geräusch-Kontraste helfen bei den ersten Hörerfahrungen.

Moosgummi haben oder in eine zweite Dose auf dem Boden etwas Weiches legen (z. B. Papiertaschentücher)und so die Bälle mal leise und mal laut zu hören sind. Das macht das Spiel span-nender und regt zur Wiederholung an.

Die Freude daran, Dinge in einem Behälter verschwinden zu las-sen, können Sie mit einem Schlitzkasten aufgreifen. Für den An-fang genügt ein Schuhkarton mit einem Schlitz im Deckel. Neh-men Sie etwa zehn Bildkarten aus einem Memory- oder Bilderlotto-Spiel. Von dem ver-deckten Stapel wird jeweils eine Karte genom-men und in den Schlitz gesteckt. Zu Beginn ist das Durchstecken der Gegenstände durch den

Kleinkinder lieben Da- und-Weg-Spiele.

Schlitz so interessant, dass die Bilder von dem Kind noch wenig beachtet werden. In diesem Stadium können Sie den Namen des Gegenstandes, der auf dem Bild zu sehen ist, kurz erwäh-nen; betonen Sie, wenn die Karte im Karton verschwindet: „Oh, weg ist der Hase, weg!" Später kann man gemeinsam über die Bilder sprechen und mit „Tschüss Hase" erste Zwei-Wort-Ver-bindungen anregen, wenn die Karte in den Karton fällt. Wenn Ihr Kind erste Namen der Familienmitglieder oder Freunde als Wort erkennen kann, können Sie anstatt der Bildkarten Wort-kärtchen verwenden. Schreiben Sie jeden Namen zwei- bis dreimal auf jeweils eine Karte, mischen Sie die Karten und ziehen abwechselnd jeweils eine.

Tipp

→ *Für viele Spiele und Beschäftigungen braucht man kleine Kärtchen, auf die geschrieben, gestempelt, gemalt oder geklebt wird. Dafür eignen sich unlinierte Karteikarten in Din-A 6 oder DIN-A 7 sehr gut: Man muss nichts zuschneiden und sie sind nicht teuer.*

Sortieren und Sammeln

Gegen Ende des zweiten Lebensjahres beginnen Kinder, Gegenstände nach Eigenschaften zu sortieren. Sie stellen alle Autos oder alle Tierfiguren in einer langen Reihe auf.

Tipp

→ *Die Freude am Sortieren können Sie mit einem Sortierkasten-Spiel aufgreifen: Besorgen Sie einen leeren Schraubenkasten im Baumarkt mit unterschiedlich großen Fächern. Legen Sie verschiedene Gegenstände, die in die Fächer passen, auf ein kleines Tablett: Stifte, Steine, Würfel, Gummiringe oder auch ein paar große Dübel. Diese werden dann gemeinsam mit dem Kind in den Kasten sortiert. Dabei ergeben sich ganz natürlich viele sprachliche Wiederholungen. Geben Sie dabei das Ordnungsprinzip nicht immer vor, indem Sie in jedes Fach einen Gegenstand legen. Lassen Sie Ihr Kind auch mal selbst ein Ordnungsprinzip finden. Je älter das Kind ist, desto ähnlicher können die Gegenstände sein, wie z. B. unterschiedliche Geldmünzen oder unterschiedliche Nüsse.*

Auch der Alltag bietet eine Vielzahl von Gelegenheiten, gemeinsam Sachen zu sortieren und dabei ins Gespräch zu kommen:

Wäsche sortieren, Schuhschrank oder Werkzeugkasten aufräumen, Spülmaschine ein- und ausräumen, Tisch decken usw.
(Kap. 5).

Ein Schlitzkasten kann auch als Sortier-Kasten verwendet werden: Schneiden Sie drei Schlitze in den Deckel des Kartons. Legen Sie über jeden Schlitz ein Kärtchen, auf dem zu sehen ist,
wofür dieser Schlitz gedacht ist: Die Namen der Mitspieler, die
ihre gezogene Karte dort hineinwerfen; Fahrzeuge, Tiere oder
Musikinstrumente; Wörter die einen bestimmten Abfangbuch-
staben haben; Wörter mit ein, zwei oder drei Silben ...

In beinahe jedem Alter sammeln Kinder die unterschiedlichsten
Dinge und bewahren diese stolz in einer kleinen Schatzkiste auf.
Diese Sammelleidenschaft nutzt auch die Industrie, z. B. durch
immer neue Sammelbild-Aktionen. Wenn Sie mit
Ihrem Kind seine kleinen Schätze ansehen, bieten sich viele Sprachanlässe, z. B. wie sich die vielen gleichen Gegenstände im Detail unterscheiden. Bei Fußballkarten sind z. B. folgende Fragen

**Sammlungen regen zu
Gesprächen über
Details an.**

interessant: Wie heißen die Fußballspieler? Welchen Spieler
kennt das Kind? Wer steht im Tor? Wer kommt aus welchem
Land? Wer fehlt vielleicht noch, um die Sammlung zu vervoll-
ständigen?

Beispiel

*Die 5-jährige Lisa zeigt mir ihre Steine-
Sammlung und es ergibt sich ein
intensiver Dialog: Die Steine sind rund,
flach, gemustert, spitz, glitzernd oder
sehen aus wie buntes Glas. Einige hat*
*sie im Urlaub gefunden, andere sind
Geschenke. Ich finde einen flachen,
schwarzen Stein besonders schön, sie
den, der weiß glitzert.*

Bei etwas älteren Kindern fördert das Sammeln auch die Systematik und Verhandlungsfähigkeit. Sie müssen überlegen, wie sie ihre Sammelstücke aufbewahren, damit sie die einzelnen Teile schnell wiederfinden, und sie müssen beim Tauschen mit Freunden geschickt verhandeln.

Such- und Ratespiele

Beim Suchen kommt es auf natürliche Weise zu vielen sprachlichen Wiederholungen und Haushalte, in denen nicht immer alles an seinem Platz liegt, bieten dafür zahlreiche Sprachanlässe: Sie wollen z.B. aus dem Haus gehen und finden den Autoschlüssel nicht am gewohnten Ort: „Wo hat Mama den Autoschlüssel hingelegt? Warte, vielleicht in der Jacke von gestern? Nein. Wo ist der Autoschlüssel? Da, im Korb! Ich hab den Autoschlüssel, jetzt geht's los."

Neugier ist der beste Lernmotor.

Weil ihre Neugier dabei angesprochen wird, lieben Kinder Suchspiele. Die ersten Suchspiele sind die Guck-Guck-Spiele.

Schon kleine Babys sind fasziniert von der kurzen Spannung, wenn Papa oder Mama nicht zu sehen sind und dann zuverlässig mit einem Lächeln wieder auftauchen. Die Kinder lieben diese Spiele, weil sie kurz und überschaubar ablaufen. Es ist immer das gleiche Schema. Dies gibt dem Kind die Sicherheit, durch ein bestimmtes Verhalten (z.B. ein Tuch vom Kopf ziehen) immer die gleiche Reaktion beim anderen auszulösen, und das Erlebnis, dass dies auch immer wieder gelingt. Bei all diesen Spielen stehen Sie in engem Kontakt mit dem Kind. Dadurch wird seine gesamte Aufmerksamkeit aktiviert und auch die Höraufmerksamkeit gefördert. In dieser frühen Phase sind auch Tütenkasperl interessant, die verschwinden, wenn man an dem Stock zieht, und dann wieder auftauchen. Später spiegelt sich das Interesse an diesem Thema auch in den ersten Zwei-Wort-Verbindungen wider: „Oma weg" oder „Papa da". Bei Guck-Guck-Spielen sind der Phantasie keine Grenzen gesetzt. Eltern verdecken z. B. ihre Augen einfach mit den Händen, legen ein Tuch über den Kopf oder suchen den Blickkontakt durch eine Pappröhre. Später verstecken sich die Kinder selbst kurz hinter einer Sessellehne, einem Vorhang oder einer Türe.

Guck-Guck-Spiele: Intensive Kommunikation mit viel Spaß!

Tipp

→ Mit einem Geräusch oder Sprache etwas bewirken können, ist eine wichtige Erfahrung. Verbinden Sie daher das Guck-Guck-Spiel auch mal mit einem akustischen Reiz. Dazu ist das Kind auf Ihrem Schoß und gegenüber sitzt eine dritte Person. Halten Sie ein Tuch so, dass die Person gegenüber nicht sichtbar ist. Diese macht nach kurzem Abwarten ein Geräusch (mit einem Glöckchen, einer kleinen Trommel o. Ä.) oder ruft z. B.: „Hallo Stefan!" Daraufhin wird das Tuch weggenommen: „Da ist der Stefan!" Wiederholen Sie dies auch im Rollentausch, indem Sie die Plätze wechseln und das Kind das Geräusch erzeugt.

Schon bei ganz einfachen Versteckspielen kommen Eltern und Kinder ins Gespräch.

Beispiel

Lara, 18 Monate alt, spielt mit ihrem Papa an der Kugelbahn. Er nimmt eine Kugel, die runtergefallen ist, versteckt sie in einer Hand und hält Lara beide geschlossenen Hände hin. Lara ist neugierig und sagt: „Auf." „Soll ich die Hand aufmachen?", fragt der Papa. Lara deutet auf eine Hand: „Da, auf."

Der Papa fragt: „Da? Glaubst du die Kugel ist da drin, ja? Mach du auf." Lara öffnet die Hand des Vaters und staunt, weil sie leer ist. Der Papa sagt: „Da ist keine Kugel, probier' mal da." Lara findet die Kugel in der anderen Hand und beide lachen.

In Schreibwarenläden oder Einrichtungsgeschäften, gibt es kleine Schubladenkästchen für Schreibtischutensilien. Verstecken Sie z.B. eine kleine Tierfigur in einer der Schubladen. Es kann eine Überraschung sein oder Sie können dem Kind einen Hinweis geben: „Miau, hör mal! Miau – hat sich da eine Katze versteckt? Wo ist die Katze? Da oben? Nein, da unten? Nein. Wo ist die Katze?" So haben Sie durch das Suchen wieder viele natürliche sprachliche Wiederholungen und üben nebenbei Präpositionen (oben, unten, in, daneben ...). Auch hier bietet sich wieder sehr gut der Rollentausch an: Das Kind versteckt etwas und Sie müssen suchen.

Tipp

→ *Beim Versteckspiel in der Wohnung oder draußen kann man akustische Hinweise geben, wo man sich versteckt hat und so das Richtungshören fördern. Wenn nur kurz „piep" gesagt wird, ist das schwieriger, als wenn eine längere Äußerung zu hören ist, wie: „Hallo, hier bin ich." Beachten Sie dabei: Nur Kinder, die auf beiden Ohren mit Hörgeräten oder CI versorgt sind, können ein Richtungshören entwickeln.*

**Krabbelsack-Spiele –
einfach und
variationsreich**

Für neugierige Kinder sind auch Krabbelsack-Spiele sprachlich sehr anregend und interessant. Sie brauchen dafür außer einem Säckchen, ähnlich einem Turnbeutel, kein besonderes Material und können das Spiel mit unterschiedlichen Schwierigkeitsgraden anbieten. Sie verstecken einfach einige Gegenstände in dem Säckchen. Das können kleine Spielzeuge sein, aber auch Alltagsgegenstände wie z.B. ein Teelöffel, eine Walnuss, ein Radiergummi, ein Schlüssel, eine Socke des Kindes oder ein kleiner Schwamm. Zu Beginn sollten es nicht zu viele Dinge sein; etwa sechs Gegenstände reichen aus. So dauert es nicht zu lang, bis der Sack leer und damit eine Spielrunde beendet ist. Spricht Ihr Kind schon erste Wörter, sollten möglichst auch Gegenstände dabei sein, die das Kind schon benennen kann. Zusätzliche Bilder erweitern den Wortschatz im Krabbelsack-Spiel.

Wenn Sie einzelne Bildkarten, z.B. aus dem Spiel „Blinde Kuh" (Ravensburger), mit einbeziehen, haben Sie mehr Wortschatzmöglichkeiten. Lassen Sie auch mal Ihr Kind ein Säckchen mit neuen Gegenständen füllen. Dann wird es für Sie spannend und Ihr Kind hat den Reiz des Wiederentdeckens.

Beispiel

Fabian, 3;4 Jahre alt, spielt sehr gerne mit Autos. Die Mutter füllt den Krabbelsack daher mit ein paar Autos und anderen Gegenständen. Als Fabian ein Auto herausholt, sagt er begeistert: „Mama schau, ein Cabiolole." Nachdem er das Cabrio ausprobiert und einen Parkplatz auf dem Tisch gefunden hat, *holt die Mutter eine Plastikerdbeere aus dem Sack und betont, dass diese nicht echt ist. Fabian ist anderer Meinung und sagt mit Nachdruck: „Doch." Daraus ergibt sich ein Gespräch über den Unterschied zwischen einer echten Erdbeere und einer, die aussieht wie echt.*

Wenn Sie an der Reihe sind, sollten Sie den Gegenstand benennen, bevor Sie ihn herausholen: „Was ist denn das? Ich glaube, ich habe einen Löffel." So ist das Zuhören interessant: Das Kind ist neugierig und bekommt über die Sprache schon eine Information. Wenn der Gegenstand dann zu sehen ist, wird nochmals kurz darüber gesprochen: „Ja, schau, ein kleiner Löffel. So einen brauchen wir immer zum Joghurt essen." Achten Sie auch hier auf Sprechpausen. Warten Sie zunächst ab, ob vielleicht das Kind zuerst etwas zu dem Gegenstand sagen möchte.

Erst den Gegenstand benennen, dann zeigen.

So wird der Krabbelsack noch interessanter:

‣ Geben Sie einzelne Dinge mehrfach in den Sack, wie z. B. zwei Löffel, zwei Kastanien oder drei Wäscheklammern. Die Begriffe werden wiederholt, die Mehrzahl verwendet und es wird gezählt: „Noch eine Kastanie, wo ist denn die andere? Ach, da. Jetzt hast du zwei Kastanien, eins, zwei."

‣ Verwenden Sie ähnliche Gegenstände, wie eine gelbe Spielfigur und eine blaue, einen Plastiklöffel und einen aus Metall, eine große Kastanie und eine kleine. Beim Gespräch über die Unterschiede wird der Gebrauch von Adjektiven angeregt.

‣ Nehmen Sie einzelne Moosgummi- oder Magnetbuchstaben dazu, z. B. die Anfangsbuchstaben von Namen, die für das Kind wichtig sind.

‣ Gegenstände zum Pusten, wie eine Feder oder eine kleine Kindertrompete regen die Mundmotorik an.

‣ Gegenstände, die Geräusche erzeugen, wie ein Knackfrosch oder ein kleines Glöckchen, können noch vor dem Rausholen knacken oder klingeln und sich durch das Geräusch ankündigen, bevor man sie sieht.

Wenn Ihr Kind noch Lust dazu hat, können am Schluss die Gegenstände in den Sack zurückgewünscht werden. Das ist eine Gelegenheit, das Sprachverständnis des Kindes zu fördern. Ähnlich wie beim Kaufladenspiel können Sie auch Mehrfachwünsche nennen, um das Hörgedächtnis zu fördern: „Ich wünsche mir die Murmel und das Auto in den Sack."

Pantomime-Spiele machen Spaß, weil sie mit Bewegung verbunden sind; das Kind übt dabei, Fragen zu stellen und zu verstehen. Sie können dazu fertige Bildkarten aus einem anderen Spiel nehmen, Bildkarten mit dem Kind malen oder Karten mit Stickern bekleben. Je nach Sprachentwicklung des Kindes können einfache Begriffe, wie Tiernamen, oder schwierigere, wie Berufsbezeichnungen, erraten werden. Einer zieht verdeckt eine Karte und stellt den Begriff pantomimisch dar. Wenn das Kind z. B. einen Hund nachmacht, können Sie fragen: „Lebt das Tier im Zoo?" oder „Hat es ein Fell?" An den Antworten können Sie erkennen, ob Ihr Kind Sie richtig verstanden hat. Im Rollentausch muss das Kind die Fragen stellen. Denken Sie bei den Pantomime-Spielen auch an Tätigkeiten, also Verben, wie „schwimmen, sägen, tanzen, malen oder schneiden".

Beim Raten gezielte Fragen stellen.

Schatzsuche spielen ist spannend und fördert besonders die Höraufmerksamkeit, das Sprachverständnis und das Hörgedächtnis.

Beispiel

Julia, 3;10 Jahre alt, hat sich das Schatzsuche-Spiel gewünscht. Sie bekommt einen gefalteten Zettel, macht ihn gespannt auf und die Mutter liest vor: „Schau im Puppenbett." Julia läuft zum Bett und findet den nächsten Zettel. Sie gibt ihn der Mutter und sagt: „Mama, was steht da?" Die Mutter liest vor: „Schau unter das blaue Auto." Lisa muss sich den Suchhinweis gut merken und genau auf die Präpositionen (auf, unter, im …) achten, um am Schluss,

nach etwa fünf Zetteln, den kleinen „Schatz" zu finden. Da Julias Mutter weiß, dass sie im Alltag meist schon gut verstehen kann, was zu ihr gesagt wird, liest sie den Hinweis bewusst nur einmal vor. So fördert sie die Höraufmerksamkeit. Sie erklärt auch den Hinweis nicht noch mal mit eigenen Worten, wie das früher nötig war, und fördert so jetzt das Verstehen von geschriebener Sprache.

Im Rollentausch versteckt das Kind etwas, diktiert die Suchhinweise und eine dritte Person muss suchen. Später ist die Schatzsuche ein gutes Spiel für Lese- und Schreibanfänger.

Für das Erzählen von Erlebnissen ist die genaue Beschreibung von Gegenständen und Situationen wichtig. Das kann schon früh durch Spiele gefördert werden, wo Dinge umschrieben und erraten werden müssen. Legen Sie dazu einige Dinge auf den Tisch (Tiere, Autos, Alltagsgegenstände). Während die anderen die Augen geschlossen haben, sucht sich ein Spieler etwas aus und versteckt es auf seinem Schoß. Dann

Gegenstände umschreiben fördert das Erzählen.

werden die Augen geöffnet, er umschreibt den Gegenstand, wie z.B. „Es hat große Räder und fährt nicht schnell", und die Mitspieler müssen raten. Schwerer wird es, wenn der gewählte Gegenstand auf dem Tisch verbleibt, weil Kinder manchmal erkennen, welcher Gegenstand weggenommen wurde.

Zum Beschreiben von Situationen eignen sich für etwas ältere Kinder Bildpaare mit kleinen Unterschieden, wie das Spiel „Differento" von Schubi. Zwei Spieler bekommen je eine Karte, halten diese so, dass der andere sie nicht sehen kann und beschreiben abwechselnd ein Detail: „Bei mir klettert ein Junge auf die Rutsche." Der andere vergleicht die Beschreibung mit seinem Bild und sagt, ob das bei ihm genauso ist oder ob ein Unterschied gefunden wurde: „Bei mir rutscht ein Junge runter." Für jeden Unterschied wird eine Fragezeichenkarte umgedreht, sodass man weiß, wann alle Fehler im Bild gefunden wurden.

Unterschiede in Bildpaaren finden.

Bewegungsspiele

Jedes Kleinkind bewegt sich gerne; dies auszuleben ist wichtig für die gesamte Entwicklung. Durch Bewegung lernt es sich selbst, seinen Körper und die Welt kennen. Bei sehr lebhaften hörgeschädigten Kleinkindern kommen Eltern in den Konflikt, dass sie einerseits wissen, dass viel Kommunikation mit dem Kind wichtig ist, Ihr Kind andererseits jedoch immer unterwegs ist. Eine Mutter sagte dazu: „Wie soll ich mein Kind sprachlich erreichen, wenn es nur auf seinem Rutschauto auf dem Hof herumsausen will?" Es hat meist wenig Erfolg, Kinder im typischen Alter von ein bis vier Jahren zu ruhigerem Verhalten anhalten zu wollen. Sie bleiben einfach nicht auf dem Schoß, auf dem Stühlchen oder dem Boden sitzen und haben hauptsächlich Interesse am Laufen, Klettern, Rutschauto fahren oder Schaukeln. Hier finden Sie einige Beispiele, wie Sie Ihr Kind neben den Dialogen im Alltag mit Bewegungsspielen auch sprachlich erreichen können.

Lebhafte Kinder sind sprachlich schwerer zu erreichen.

Schaukeln

Wenn Ihr Kind gerne schaukelt, können Sie das Anschubsen sprachlich begleiten: „und hui" oder „und hoch". Je nachdem, ob Sie vor oder hinter dem Kind stehen, ist dies mit und ohne Blickkontakt möglich. Die gespannte Erwartungshaltung des Kindes, bevor es losgeht, können Sie für ein Anfangskommando nutzen, und Ihr Kind wird gerne das „Achtung, fertig" selbst mit „los" ergänzen.

Im Zimmer können Sie Ihr Kind in einer Decke schaukeln. Dazu müssen zwei Erwachsene die Decke halten. Beim Schaukeln und Aufzugspielen (das Kind in der Decke hoch heben) können Sie die Bewegungen sprachlich begleiten („hin und her, halt, hoch und hoch...") oder im Schaukelrhythmus ein Lied singen. Sie können auch hier wählen, ob derjenige spricht, dem das Kind zugewandt ist, oder derjenige, der sich hinter dem Kind befindet. Weitere Themen kommen dazu, wenn verschiedene Gegenstände mit schaukeln dürfen: Erst der Bär und danach vielleicht das geliebte Müllauto.

Die Decke kann auch zum „Auto" werden. Dazu sitzt das Kind auf einem Ende der Decke und Sie ziehen es über einen glatten Boden. Sie können fragen, wo das Taxi hinfahren und ob es schnell oder langsam fahren soll. Begriffe, wie „einsteigen, aussteigen, festhalten, bezahlen, stopp, halt, los" können bei diesem Spiel betont werden.

Sprechen Sie im Rhythmus der Schaukel.

Zum Gleichgewicht

▸ Beachten Sie, dass manche hörgeschädigte Kleinkinder nicht so gerne schaukeln, weil sie Gleichgewichtsprobleme haben.

Musik und Bewegung

Zu Musik auf dem Schoß oder auf einem großen Gymnastikball zu hopsen, macht vielen Kindern Spaß *(Kap. 7)*. Es eignet sich rhythmische Musik, egal ob Kinderlieder, Volksmusik oder Pop-Musik. Sie sollten entweder zu dritt sein oder eine Fernbedienung benutzen, damit zwischendurch die Musik ausgeschaltet werden kann. Auf dem Ball können Sie mit dem Kind auf dem Schoß zusammen hopsen oder Ihr Kind alleine darauf setzen und halten. Dann wird zur Musik gehopst und innegehalten, wenn die Musik ausgeschaltet wird. Achten Sie besonders in der ersten Phase der Hörentwicklung darauf, dass weder die Musik, noch die Pausen zu kurz sind. Hörgeschädigte Kinder müssen sich nicht nur in Schallereignisse einhören, bis sie diese sicher wahrnehmen können, sondern auch in die Pausen.

Musik mit Pausen ist Hören im Kontrast.

Wenn Ihr Kind noch sehr wenig lautiert, kann das Hopsen auf einem Gymnastikball die Stimmgebung anregen: Durch die rhythmische Stimulation des Zwerchfelles beim Hopsen werden die Atmung und die Stimme angeregt und die Kinder lautieren dann im Rhythmus der Bewegung oft „ahaha". Wenn Ihr Kind es mag, können Sie das auch in Bauchlage probieren; auch hier immer auf die Pausen achten. Zu Musik können Sie auch herumlaufen oder tanzen und bei der Pause in der Bewegung innehalten oder sich auf den Boden setzen.

Hopsen regt das Lautieren an.

Spiele mit Licht

Lebhafte Kinder sind oft fasziniert von Licht. Das beginnt damit, dass sie ständig den Lichtschalter bedienen. Nutzen Sie dieses Interesse für Taschenlampenspiele. Geeignet sind Lampen, die sich auch vom Kind leicht ein- und ausschalten lassen, z.B. durch einen Druckknopf. Sie können damit im halbdunklen Zimmer etwas suchen. Auch hier geht es wieder um die sprachliche Wiederholung; Sie lenken die Konzentration auf eine Sache: „Wo ist dein Müllauto? Unter dem Bett? Nein. Wo ist denn dein Müllauto?"

Spiele mit Licht fördern die Konzentration.

Zu dritt können Sie das Licht der Taschenlampe in einem Wettspiel „fangen". Einer leuchtet z. B. auf den Fußboden, die beiden anderen versuchen das Licht zu fangen, indem sie mit der Hand drauf patschen; in diesem Moment wird das Licht ausgeschaltet, und es ist gefangen. Hier gibt es viel sprachliche Wiederholung: „Wo ist das Licht? Schau mal da, auf dem Sofa, da ist das Licht."

Besonders Ortsbestimmungen „auf, unter, neben, zwischen" und Bezeichnungen von Möbeln kommen in diesem Spiel vor. Leuchten Sie auch mal an die Zimmerdecke. Dass keiner dieses Licht erreichen kann, ist ein schöner Dialoganlass, und das Kind lernt, dass es eine Decke gibt, die nicht kuschelig ist.

Beim Lichtfangen werden Präpositionen erlebt.

Ballspiele

„Der Ball ist ein unverzichtbarer Gegenstand für das allererste Zusammenspiel, um Haben und Weggeben zu üben, Entfernungen zu empfinden, für die Koordination von Händen und Augen und vieles mehr" (Pohl 2011, 152).

Draußen gemeinsam Ball spielen macht Spaß und ist immer auch mit Kommunikation und Sprache verbunden. Es wird hoch, weit oder zu einer bestimmten Person geworfen. Es wird gefangen, geschossen, geworfen oder geprellt. Der Ball rollt, fliegt oder springt. Beim Fußball wird „Tor", „Pfosten", „zu mir" gerufen und vieles mehr.

Dosenwerfen fördert das Hören und Zählen.

Spielen Sie mit einem kleinen Ball mal Dosenwerfen. Bauen Sie dazu aus Dosen (eventuell aus alten Kaffeedosen) oder Plastikbechern eine Pyramide auf und werfen Sie diese mit dem Ball um. Das macht Spaß, es gibt was zu hören und viele sprachliche Wiederholungen: „Und Schuss! Bumm! Alle Dosen sind umgefallen! Bravo! Hol den Ball wieder her. Wer kommt jetzt dran?" Kegeln mit leeren Plastikflaschen und einem kleinen Ball hat einen ähnlichen Effekt. Wie bei den Dosen kann beim Kegeln auch abgezählt werden, wie viele jeweils umgefallen sind.

Spiele mit Papier, Farbe, Knete und Sand

Bilder bieten viele Gesprächsanlässe.

Der Umgang mit kreativem Material wie Farbe, Papier, Schere, Kleber, Stempel, Stanze, Sand und Knete fördert Ihr Kind in allen Entwicklungsbereichen. Dabei ist es wichtig, dass ihm viel Freiraum für seine Phantasie und seine Vorstellungen gegeben wird. Wenn Kinder stolz ihre gemalten oder gebastelten Werke zeigen, entstehen Gespräche zu unterschiedlichsten Themen.

Beispiel

Der 5-jährige Jarek malt mit einem dicken braunen Stift ein großes Haus mit vielen Fenstern. Außerdem sind viele gerade und geschwungene Linien im Haus zu sehen, die ich nicht deuten kann. Im Gespräch erklärt er dazu, dass es einen Lift und Treppen und ganz oben noch eine Leiter gibt. Wir überlegen dann gemeinsam, dass der Lift praktisch ist, wenn man schwere Einkaufstaschen hat, und warum die Treppe wichtig ist, z. B. wenn der Lift kaputt geht. Dass die Oma über die Leiter nicht so gut auf den Dachboden kommt, sieht Jarek nicht als Problem, weil er der Oma ja helfen kann.

Beim Basteln wird häufig ein Wortschatz verwendet, der im Alltag nur selten vorkommt, wie „Ecke, Abstand, Rückseite, Kante, Rand, durchsichtig, flach, spitz, falten, knicken, knüllen". Weil beim Basteln außerdem viele Handlungsschritte mehrfach durchgeführt werden müssen (ein Papier mehrfach falten, noch mal Kleber auftragen, beim Stempeln immer wieder fest drücken, die Knete für die Ausstechförmchen immer wieder flach ausrollen...), wird sprachlich viel wiederholt. Dazu kommt, dass Feinmotorik und Mundmotorik in engem Zusammenhang stehen und so beim Basteln und Malen auch die feinen Bewegungen und Bewegungsabstimmungen, die zum Sprechen notwendig sind, mitgefördert werden. Das Malen ist außerdem die Grundlage für das spätere Schreiben. Nicht zuletzt sind Malen und Basteln Ausdrucksformen für das Kind, ähnlich wie Sprechen oder Musizieren.

Basteln erweitert den Wortschatz.

Malen

Die erste Faszination des Malens ist die Entdeckung, dass eine Bewegung eine Spur hinterlässt und dadurch sichtbar bleibt. Bei vielen Kindern ist die Begeisterung über dieses Phänomen so groß, dass sie mit allem, was ihnen in die Hände kommt, ausprobieren wollen, wie wohl die Spur aussehen wird. Besonders beliebt bei den Kleinen sind die Stifte der Großen, wie z. B. der Kugelschreiber, der neben dem Telefon liegt. Freude am Malen

Kinder malen anders, nicht falsch.

kann man nicht erzwingen. Stellen Sie Ihrem Kind unterschiedliche Papiere, Stifte, Wachsmalkreiden, Pinsel und Farben zur Verfügung, sodass es Erfahrungen damit machen kann. Wie in vielen anderen Entwicklungsbereichen verläuft die Lust am Malen oft schubweise. Für den Beginn ist der Umgang mit Farben motivierend, ohne die Absicht auch etwas Erkennbares zu malen. Bieten Sie dazu z. B. auch Pustestifte an oder das Malen mit einer Murmel. Pustestifte findet man unter dem Namen „Blopen" *(Serviceteil)*. Kinder können damit bunte Bilder mit einer Art Farbnebel gestalten und nebenbei ihre Atmung und Mundmotorik üben. Für ein Murmelbild legen Sie ein Blatt Papier in einen Schachteldeckel, tropfen etwas Wasserfarbe darauf und lassen dann durch Bewegen des Deckels eine Kugel darauf herumrollen. Die Spuren ergeben auch bei Malanfängern schöne Bilder.

Eine Bewegung wird sichtbar.

„Ein Kind zeichnet, was es weiß und empfindet, nicht was es sieht" (Seitz 1995, 16). So zeichnet ein kleines Kind Dinge, die es wichtig findet, groß oder einen Fisch mit zwei Augen, weil es weiß, dass dieser zwei Augen hat. Ein größeres Kind wird den Fisch so zeichnen, wie man ihn von der Seite sieht, mit nur einem Auge. Kinderzeichnungen entwickeln sich also nicht vom Falschen zum Richtigen. Korrigieren Sie daher nicht vermeintliche Fehler in den Bildern Ihrer Kinder. Viel sinnvoller ist es, ihr Wissen zu erweitern durch Unternehmungen, Bücher und dergleichen. So werden sie durch mehr Wissen und mit zunehmendem Alter auch anders malen.

Wenn Ihr Kind noch nicht spricht, können Sie sein Lautieren und seine sprachliche Imitation durch gemeinsames Malen anregen: Für diese Malspiele mit den Kleinsten eignet sich großes Papier oder eine Tafel, die man auf den Boden legen kann (z. B. ein dünnes Brett, das Sie mit Tafelfolie bekleben). Greifen Sie die Kritzelbewegungen Ihres Kindes auf und malen selbst kurze Striche und Punkte und sprechen dazu begleitend Silbenketten wie „dadada, taptaptap". Bei fließenden Lauten bietet sich ein großer Kreis an, der mehrfach übermalt wird während ein langer Vokal („oooo" „aaaaa")gesprochen wird.

Die Bewegung unterstützt die Sprache.

Beispiel

Der 3-jährige Max spricht gerade seine ersten Wörter und mag es, wenn die Mutter etwas für ihn auf die Tafel malt. Sie fragt: „Was soll ich malen?" und wartet geduldig ab, bis Max sein Lieblingswort „Fisch" sagt. Nachdem sie einen Fisch gemalt hat, fügt sie noch Blasen dazu und sagt: „blub, blub, blub", was das Ganze lebendig macht und zur sprachlichen Imitation anregt. Anschließend fragt die Mutter nicht noch einmal, sondern bringt selbst eine eigene Idee bzw. Meinung ein, wie das auch später im Dialog sein sollte. Sie sagt: „Jetzt male ich eine Maus." Max ist neugierig und hört aufmerksam zu, weil die Mutter das nächste Motiv ankündigt, bevor sie es malt. Wenn die Maus erst gemalt und dann benannt wird, ist das Zuhören nicht mehr wichtig, da das Kind ja schon sieht, was gemalt wurde.

Kinder lieben es, Erwachsene zu korrigieren. Daher regen unvollständige Zeichnungen zum Sprechen an. So können Sie beim Gesicht die Nase vergessen oder beim Auto die Räder. Als Felix sich einen Wal wünschte und die Mutter keinen Wasserstrahl malte, forderte er empört: „Wal spritzt!"

Fehlende Bilddetails regen zum Sprechen an.

Für ältere Kinder, die selbst schon gut gegenständlich malen können, sind Wunschbilder und Bilddiktate interessant. Einer bekommt Stifte und Papier und der andere darf sich ein Bild wünschen. Verwenden Sie als Sichtschutz ein großes Bilderbuch, das zwischen den Personen auf dem Tisch steht. Erst wenn das Bild fertig ist, darf es vom anderen angesehen werden. Als Einstieg kann man sich z. B. nacheinander drei einfache Motive ohne genauere Beschreibung wünschen, wie z. B. eine Sonne, ein Haus und eine Blume. Die schwierigste Ebene für Geübte wäre dagegen: „In der Mitte des Blattes wächst eine kleine, blaue Blume. Unter der Blume krabbelt ein großer, gelber Käfer."

Bilder diktieren erweitert den Wortschatz.

Bei dieser Variante ist neben der gesprochenen Sprache und dem Sprachverständnis auch das Hörgedächtnis gefragt, um alles richtig malen zu können. Wenn das fertige Bild dann später betrachtet wird, sollten Fehler nicht korrigiert werden. Es reicht völlig aus, wenn Sie nochmals beschreiben, was Sie auf dem Bild sehen. Wenn der Käfer z. B. *auf* statt *unter* der Blume sitzt, wird es von Ihnen so benannt, wie es zu sehen ist. Dieses Spiel macht auch im Rollentausch viel Spaß. Das Kind übernimmt nach der Rolle des Zuhörers, der die Sprache verstehen muss, die Rolle des Sprechers, der sich ein Bild wünscht.

Beim Bilddiktat malt einer ein einfaches Bild mit etwa drei Motiven. Auf dem Tisch steht wieder ein Sichtschutz. Dieses Bild wird dem anderen anschließend diktiert, also so genau beschrieben, dass dieser es nachmalen kann. Dies ist eine gute Übung für das Erzählen. Auch dabei muss man sich in den anderen hineinversetzen und alle Details eines Erlebnisses so genau beschreiben, dass der Gesprächspartner sich davon ein inneres Bild machen kann.

Gemeinsam Geschichten erfinden kann durch Malen unterstützt werden. So könnte die Geschichte anfangen: „Es war einmal ein kleines blaues Auto." Durch die Fragen „Wer sitzt drin?"

Entwickeln Sie beim Malen gemeinsam eine Geschichte.

Malen ist eine wichtige Ausdrucksform für hörgeschädigte Kinder.

oder „Wo fährt das Auto hin?" wird die Geschichte weiter entwickelt und das Kind, der Erwachsene oder beide malen einzelne Gegenstände, Menschen oder Tiere, die nacheinander in der Geschichte auftauchen, auf ein großes Blatt. Am besten ist natürlich, wenn die Ideen von den Kindern kommen. Aber auch ein gemeinsames Überlegen und Ideen sammeln, wie es weitergehen könnte, ist sinnvoll. Durch die Zeichnungen bleibt die Geschichte erhalten und kann vielleicht später nochmals nacherzählt werden. Meistens interessieren sich Kinder dafür aber nicht so sehr. Für kleine Kinder hat sich als Ausgangspunkt ein Haus bewährt, das ein Fenster weniger hat, als Personen in der Familie leben. Auf die Frage „Wer wohnt denn da?" nennen sie meist die Namen der Familienmitglieder, die zu dem frühen Wortschatz gehören, und zeigen auf die Fenster. Die Person, die kein Fenster hat, ist nicht zu Hause, und man kann überlegen, ob sie beim Einkaufen, im Kindergarten, in der Arbeit ist usw. Neben den Phantasiegeschichten können so auch Erlebnisse des Kindes nochmals thematisiert und durch die Zeichnungen illustriert werden.

Hier noch einige Anmerkungen zum **Farbenlernen**. Meine Erfahrung ist, dass das Sortieren nach gleichen Farben und das Verstehen und Sprechen von Farbnamen in der frühen Sprachförderung oft einen sehr großen Stellenwert hat. Nicht selten können hochgradig hörgeschädigte Kinder nach entsprechenden Übungen „rot" und „blau" benennen, noch bevor

Farben sollten nicht überbetont werden.

sie die für den Alltag sehr viel wichtigeren Begriffe, wie „noch mal", „haben" oder „nein" verstehen und sprechen können. Die Farbnamen spielen jedoch in der Alltagsbewältigung, z.B. beim Äußern von Wünschen oder bei dem kreativen Umgang mit Farben eine relativ geringe Rolle. Farben lernt Ihr Kind in erster Linie im Alltag: Die Farbe der neuen Gummistiefel, des geliebten

Trinkbechers, des Familienautos oder der Tomatensoße, die auf das T-Shirt gekleckert ist. Vielleicht singen Sie auch mal das Farbenlied: „Grün, grün, grün sind alle meine Kleider, grün, grün, grün ist alles, was ich hab." Wenn Ihr Kind langfristig Probleme mit Farben hat, können Sie z.B. ein ganzes Blatt nur mit einer Farbe voll malen oder im Alltag einige Tage lang eine Farbe besonders betonen: Die blaue Strumpfhose, die blaue Farbe der Zahnbürste, eine blaue Blume oder ein blaues Auto. Eindrucksvoll ist es auch, in der Wohnung Gegenstände einer Farbe zu suchen und sie zusammen auf ein Tablett zu legen. So wird deutlich, dass ganz unterschiedliche Gegenstände mit ganz verschiedenen Namen die Farbe als gemeinsames Merkmal haben.

Beispiel

Zu Beginn jedes Schuljahres band unsere Mutter die Schulbücher mit durchsichtigen, bunten Folien ein. Die abgeschnittenen Reste waren tagelang ein beliebtes Spielzeug und wir liefen mit den Folien vor den Augen durch alle Zimmer und bestaunten die jeweils andersfarbige Welt: Alle Gegenstände und Personen waren dann plötzlich blau, rot, grün oder gelb.

Tipp

→ *Bei allen Spiel- und Dialogmöglichkeiten sollten wir beachten: Malen ist eine ganz eigene und sehr wichtige Ausdrucksform, besonders auch für hörgeschädigte Kinder. Daher sollten wir sie in erster Linie ungestört und frei von Erwartungen einfach malen lassen.*

Sand

Buddelt Ihr Kind gerne im Sand? Spielen mit Sand ist für Kinder ausgesprochen wohltuend. Sie erleben mit allen Sinnen ein

Material, das sehr vielseitig und veränderbar ist: trocken, rieselnd, fein, grob, feucht, nass, matschig, fest, weich, warm, kalt und vieles mehr. Beim Schaufeln, Schütten, Füllen und Leeren von verschiedensten Gefäßen übt sich das Kind ausführlich in seiner Motorik und Wahrnehmung und da die Kleinen das oft sehr ausdauernd tun, ist auch viel sprachliche Wiederholung dabei: „Wird der große Eimer ganz voll, so voll? Der ist aber jetzt schwer!"

Im Sandkasten backen und kochen.

Backen und Verkaufen von Sandkuchen ist ein schönes Rollenspiel und vielleicht gibt es auch Blättersalat und Steinekartoffeln. Im Sandkasten können Steine und andere Sachen vergraben und wieder gesucht werden *(Suchspiele)*. Das Suchen am Schluss nach all den mitgebrachten Dingen bietet ebenfalls wieder Sprachanlässe.

Auch in der Wohnung kann man die Liebe der Kinder zu diesem Material nutzen. Sie können sich feinen Quarzsand im Baumarkt besorgen; dieser fühlt sich besonders weich an. Füllen Sie dann entweder ein dunkles Tablett oder ein schwarzes Backblech mit einer ganz dünnen Schicht. Wenn Sie mit dem Finger darin malen oder schreiben, ergeben sich klare Spuren. Das ist eine gute Variante zum Malen auf Papier. Auf jeden Fall fordert das Material zu langsamen Bewegungen auf, da die Linien sonst verwischen; daher ist es gut für unruhige Kinder geeignet.

Im Sand Spuren machen und schreiben.

Zum Spiel Spurenraten schließt einer die Augen, und der andere lässt ein kleines Spielzeugtier aus einer Auswahl von etwa sechs Tieren über den Sand laufen. Dann heißt es: „Augen auf! Wer ist da gelaufen?" Auch Murmeln, Muscheln und vieles andere mehr können Spuren und Muster hinterlassen. Wenn das Tablett leicht geschüttelt wird, ist die Sandfläche wieder geschlossen, ähnlich wie beim Abwischen einer Tafel. Lassen Sie die Kinder auch experimentieren und einfach den weichen Sand genießen. Man kann z.B. Handabdrücke machen, Sand auf die Hand oder durch die Hand rieseln lassen und auf einer freien Stelle des Tabletts damit Rieselspuren malen.

Beim Schaufeln, Schütten, Füllen und Leeren übt das Kind seine Motorik.

Knete

Knete fasziniert Kinder ähnlich stark wie Sand, weil sie so vielseitig und veränderbar ist. Selbst gemachte Knete wird als gesundheitlich bedenklich eingestuft. Verwenden Sie daher besser ungiftige, weiche Kleinkindknete, die in kleinen Töpfchen verkauft wird.

Bei Kindern, die noch kaum sprechen, lässt sich die sprachliche Imitation, ähnlich wie beim Malen, durch die Verbindung von Sprache und Bewegung hervorlocken. Klopfen Sie mit der Handfläche oder der Faust die Knete flach: „bum, bum, batsch, batsch". Drücken Sie eine dünne Knetewurst mit dem Finger flach: „da, da, da" Rollen Sie eine Knetewurst („rolle, rolle") und geben Sie ein Ende dem Kind in die Hand („gut festhalten, ganz fest!"), dann wird gezogen („und ab!"). Dies kann so lange fortgesetzt werden, bis nur noch ein ganz kurzes Stück übrig ist, das nicht mehr abgerissen werden kann. Dieses Abreißspiel macht besonders den ganz Kleinen Spaß. Abschneiden kann man die Knete gut und ungefährlich mit einem Teigrädchen. „Ab" gehört oft zu den ersten zehn Wörtern, die ein Kind spricht.

Drückt man Knete durch eine Knoblauchpresse, entstehen wunderbare „Spaghetti". Neben dem freien Formen einfacher Tiere (Schnecke, Schlange) oder dem Anfangsbuchstaben des Namens können Ausstechförmchen einbezogen werden. Diese gibt es heutzutage mit zahlreichen Motiven. Neben der Wiederholung „Stichst du noch einen Bären aus?" betonen Sie auch wieder das Zählen und die Pluralformen: „Jetzt sind es schon drei Bären, eins, zwei, drei!" Bei der Auswahl der Förmchen eignen sich auch wieder gut die Alternativfragen: „Möchtest du das Pferd oder das Auto?"

Ausstechförmchen bieten viele Motive.

Ein eindrucksvolles Spür-Erlebnis ist es, ein großes Stück Knete flach zu drücken, um dann die Hand darin einzupacken. Sie wird dadurch sehr schwer und groß und das Kind spürt auf diese Weise seine Hand sehr bewusst. Schon oft haben Kinder in dieser Situation das erste Mal „(H)and" gesagt.

Beim Kochenspielen kann man aus Knete Knödel, Würste, Pizza, Kuchen und Nudeln formen. Zum Kaufladenspielen eignen sich gut Knete-Backwaren: Brezen, Brötchen, Brot, Baguette, Schnecke, Croissant. Benennen Sie im Dialog die Dinge korrekt, auch wenn die Wörter Ihnen noch schwierig erscheinen. Das Kind hat nur eine Chance, diese zu lernen, wenn es sie in der Kommunikation hört und ihre Bedeutung immer wieder von früh an erlebt.

Stempel, Stanzen und erstes Schneiden

Nicht nur mit Ausstechförmchen, sondern auch mit Stempeln und Stanzen (Motivlocher) können Pluralformen und das Zählen gefördert werden. Für kleine Kinder sind Stempel geeignet, die kein Stempelkissen brauchen. Achten Sie dabei auf Qualität, da die Kinder die Lust verlieren, wenn die Stempel keine schönen Abdrücke produzieren. Stempelt das Kind mehrfach das gleiche Motiv hintereinander, ist das eine gute Gelegenheit, Wortreihen zu sprechen: „Maus, Maus, Maus, Maus." Dieses Wiederholen eines Wortes beim Stempeln imitieren Kinder oft spontan. Das Sprechen von Wortreihen übt und lockert die Artikulation. Dies ist besonders gut für Kinder, die eher leise und wenig oder mit zu viel Anstrengung sprechen.

Beim Stempeln erleben Kinder den Plural und die Silbenzahl.

Im Sprechbeginn lassen Kinder häufig noch Silben in Wörtern aus. So ist z. B. der Elefant ein „fant". Wenn Sie mit einem Elefantenstempel die drei Silben betonen, indem Sie zu dem Wort drei Stempelabdrücke machen, werden die Länge des Wortes und die Silbenanzahl bewusst. So gelingen dann auch längere Wörter.

Beim Stempeln den Gebrauch von Verben anregen und Geschichten erfinden.

Wie beim Malen können auch mit Stempeln kleine Handlungen und Geschichten erfunden werden. So kann eine Maus z. B. viele Male auf ein Blatt gestempelt werden, um danach gemeinsam zu überlegen: „Was macht die Maus da und was macht sie dort?" Entsprechend werden mit Farbstiften Wasser und eine Badehose für die Maus gemalt, wenn sie badet, ein Bett und ein Mond, wenn sie schläft, oder ein Blumenstrauß, wenn sie zum Geburtstagsfest geht. Die besten Ideen haben dabei, wie immer, die Kinder selbst. Dies ist eine gute Möglichkeit, Verben und Verbformen zu üben. Sie können aber auch mit einem Stempelabdruck anfangen und wieder gemeinsam eine Geschichte erfinden: „Es war einmal ein Tiger…" und gemeinsam überlegen, wie es weitergehen könnte.

Die Bilder, die durch Stanzen entstehen, werden mit farbigem Papier bunt. Da sie sehr klein sind, erfordern sie viel Geschick, wenn man sie nehmen und aufkleben will. Doch gerade diese Herausforderung fasziniert die Kinder. Einmal aufgeklebt, eignen sie sich zum Zählen und für kleine inhaltliche Zuordnungen. So bekommen etwa die Enten mithilfe eines Farbstifts einen See zum Schwimmen, die Lokomotiven eine Schiene und die kleinen Vögel können, auf dem Tisch liegend, durch Anpusten zum Fliegen gebracht werden.

Sowohl Stempel als auch Stanzbilder eignen sich besonders gut für selbst gemachte „Hosentaschenbüchlein". Sie können dafür wieder kleine, unlinierte Karteikarten verwenden. Sind die einzelnen Seiten beklebt, bestempelt, bemalt oder beschrieben, werden sie mit einem Tacker oder über zwei Löcher mit einer Schnur verbunden. So entsteht ein ganz persönliches Büchlein mit beliebigen Themen.

Beispiel

Kurz vor Antonias viertem Geburtstag ist die Zahl vier natürlich sehr wichtig, Zählen fällt ihr aber noch etwas schwer. Sie wählt sich die Tierstempel aus, die sie sehr mag, und wir basteln zusammen ein kleines Büchlein, in dem immer vier gleiche Stempel auf einer Seite sind. Tagelang trägt sie das Büchlein mit sich herum und zählt die Tiere auf jeder Seite nach.

Für Kinder, die gerade anfangen zu schneiden, ist das Erlebnis wichtig, dass durch das Schneiden ein Stück vom Papier abgetrennt wird, es also einen „Ab-Effekt" gibt. Bereiten Sie daher Papierstreifen vor, die so schmal sind, dass sie mit einem Schnitt durchgeschnitten werden können. Von dem Kind können dann Bilder nebeneinander auf den Streifen gestempelt werden. Beim Abschneiden ergeben sich so mehr sprachliche Anknüpfungspunkte, wie z.B.: „Schneidest Du mir bitte einen Löwen ab? Danke!"

> **Beim Schneiden erlebt das Kind, was „ab" bedeutet.**

Noch ein Beispiel zum Schneiden: Farbige Trinkhalme in kleine Stücke zu zerschneiden, macht viel Spaß, weil die Stücke beim Abschneiden wegspringen. Anschließend kann eine Kette gefädelt werden. Wenn Sie sich gegenseitig eine Kette nach Wunsch anfertigen, ist das eine Möglichkeit, das Hörgedächtnis zu üben. So können Sie sich die zwei oder drei nächsten Farben gleichzeitig wünschen: „Auf meine Kette wünsche ich mir jetzt rot, rot, schwarz." Danach wünscht sich der andere die nächste Farbenkombination für seine Kette usw.

Rollenspiele

Kaufladen spielen, die Babypuppe füttern und baden, beim Eisenbahn spielen der Schaffner sein, sich verkleiden oder als Hund durch die Wohnung laufen und die Erwachsenen anbellen: Kinder lieben Rollenspiele und diese entwickeln sich am besten zusammen mit anderen Kindern. In Rollenspielen lernen Kinder, sich in andere Personen hineinzuversetzen: in die Gefühle, in die Handlungen und in die Sprache. In Rollenspielen geht es immer um Dialog. Viele Alltagsdialoge werden im Rollenspiel aufgegriffen, wie z. B. Gespräche beim Kaufladen- oder Vater-Mutter-Kind-Spiel.

Rollenspiele fördern die Dialogentwicklung.

Außerdem muss die Rollenverteilung geklärt und der Handlungsablauf immer wieder neu besprochen werden: „Nein, warte, der Pirat kommt später, wir müssen erst den Schatz verstecken. Und wir brauchen eine Schatzkarte." Besonders wertvoll ist die Veränderung der Stimme und der Art zu sprechen (Prosodie), je nachdem, in welche Rolle man schlüpft: Die Prinzessin spricht vielleicht mit hoher Stimme und lieblich, der Bär langsam, tief und etwas brummelig und der Pirat laut und furchterregend.

Der Pirat spricht anders als die Fee.

Kinder üben im Rollenspiel den sozialen Umgang, besonders auch das Einfühlungsvermögen in andere. Im Rollenspiel wird der Unterschied zwischen Erwachsenen und Kindern aufgelöst, weil sie in die Rolle der Erwachsenen schlüpfen können. Insgesamt ist das Ausprobieren unterschiedlicher Rollen eine wichtige Erfahrung für die eigene Identitätsentwicklung. Häufige Rollen sind Familienmitglieder, Berufe, Tiere und Figuren, die aus Medien bekannt sind, wie Spiderman oder Prinzessin Lillifee.

Rollen-Erfahrungen stärken die Sozialkompetenz und fördern die Identitätsentwicklung.

Kaufladen-Spiel

Ab einem Entwicklungsalter von ca. 30 Monaten beginnen Kinder, Kaufladen zu spielen. Da Jungen und Mädchen sich dafür interessieren und dieses Rollenspiel ausgesprochen sprachfördernd ist, bekommen Sie im Folgenden detaillierte Anregungen dazu. Sie können es ganz einfach oder für ältere Kinder inhaltlich und sprachlich auch sehr komplex gestalten. Durch das Kaufen und Verkaufen stehen Zuhören, Sprachverständnis und Sprechen im Vordergrund. Für kleine Kinder ist die Rollenverteilung eindeutiger, wenn der Einkäufer außer einer Tasche und der Geldbörse auch einen Hut bekommt. Außerdem benötigen Sie eine Spielzeugkasse. Kinder lieben das Verkaufen mehr als das Einkaufen, weil sie gerne mit der Kasse hantieren. Ein Kinder- oder Couchtisch eignet sich sehr gut als Ladentheke, da hier mehr Platz ist als in einem Kinder-Kaufladen.

Einkaufen und verkaufen bedeutet Sprechen und Zuhören.

Die Ware:

▶ Verwenden Sie zu Beginn einige Gegenstände, die das Kind sprachlich schon gut kennt, wie z. B. ein Auto, einen Apfel, einen Löffel, eine Katze, Malstifte oder ein Buch.

Wortschatzvielfalt ergibt sich durch Waren aus dem Alltag.

▶ Wenn Sie einzelne Gegenstände mehrfach haben (Kastanien, Nüsse, Löffel, Socken, Stifte usw.), ist für Kinder in der ersten Spracherwerbsphase die Wiederholung enthalten und später das Zählen. Bei kleinen Unterschieden ist wieder die Detailbenennung wichtig: große Kastanie, kleine Kastanie, gestreifte Socken, Dino-Socken usw.

▶ Verwenden Sie nicht nur Spielzeug-Lebensmittel, sondern Gegenstände aus allen Bereichen des täglichen Lebens. So ergibt sich eine große Themenvielfalt: Kleidungsstücke, Gegenstände aus Küche und Badezimmer, Spielzeug, Lebensmittel, Bastelsachen, Bilderbücher usw.

▶ Eröffnen Sie auch einmal ein Fachgeschäft: Buchladen, Autohändler, Eisdiele (mit bunten Wattebällchen), Post, Bank, Schmuckladen, Spielzeugladen, Schreibwarenladen (mit Vorschulkindern) usw.

Beispiel

Als Maria mit 4;6 Jahren meine große Knopfdose vom Flohmarkt entdeckt, ergibt sich ein intensives Kaufladen-Spiel mit der Mutter: Es werden lebhaft Verkaufsgespräche geführt über große, kleine und winzige Knöpfe, Knöpfe aus Plastik, Metall, Leder und Stoff und über die Anzahl gleicher Knöpfe, die benötigt werden. Besonders fasziniert ist Maria von kleinen runden Messingknöpfen, die aussehen wie Gold. Daraus ergibt sich ein Gespräch darüber, für welche Art von Kleidungsstück diese wohl geeignet wären.

Die Verkaufsgespräche:

▶ Sprechen Sie natürlich, und variieren Sie Ihre Wünsche: „Ich brauche bitte ..., haben Sie auch ..., und dann nehme ich noch ...“

▶ Je älter die Kinder sind, desto ausführlicher werden die Verkaufsgespräche, z. B. darüber, ob eine Ware frisch ist oder was als Geschenk für ein Baby bzw. ein Schulkind geeignet wäre.

Das Verkaufsgespräch bietet viele Möglichkeiten der sprachlichen Variation.

▶ Kaufen Sie auch mal mit einer Handpuppe ein und sprechen Sie mit veränderter Stimme und Prosodie.

▶ Verlangen Sie bei Kindern, die schon ein gutes Sprachverständnis haben, einen Gegenstand, der nicht vorhanden sind. Dies ist ein wichtiger Dialoganlass:

„Autos gibt es nicht." „Können Sie bitte mal im Lager schauen? Gibt es morgen wieder Autos? Wo kann ich ein Auto kaufen?" usw. Außerdem sehen Sie, wie selbstbewusst Ihr Kind mit dieser kleinen Irritation umgeht. Sie können so Situationen, in denen unerwartete sprachliche Inhalte auftauchen, spielerisch einüben.

▶ Im Buchladen mit bekannten Bilderbüchern kann nach dem Inhalt einzelner Bücher gefragt werden und ob das Buch lustig oder spannend ist. So ergibt sich ein natürlicher Anlass für eine kurze Nacherzählung. Zu Beginn der Sprachentwicklung kann einfach nach der Abbildung auf dem Buch gefragt werden: „Haben Sie ein Buch über die Feuerwehr?"

Eine Buchhandlung bietet Anlässe für kurze Inhaltsangaben.

▶ Beziehen Sie das Zählen ein: „Ich möchte bitte drei Nüsse."

▶ Verlangen Sie zwei oder drei Gegenstände gleichzeitig: „Ich brauche bitte einen Betonmischer, einen Katzenstempel und eine Nuss." So wird das Hör-Gedächtnis gefördert.

▶ Spielen Sie mit älteren Kindern, die sprachlich schon sicher sind, mal Kaufladen mit Hintergrundmusik, wie es die Kinder von großen Geschäften kennen. Wenn Sie Musik mit Gesang wählen, ist das schwieriger für das Sprachverständnis als reine Instrumentalmusik. Einkaufen mit Musik sollte aber eine Ausnahme sein.

▶ Wenn Sie zwei Oberbegriffe im Warensortiment mischen (Werkzeug und Spielsachen oder Kleidung und Lebensmittel), üben Sie das Sprachverständnis bei Themenwechseln.

▶ Bestellen Sie bei älteren Kindern mit einem Spielzeugtelefon aus einer Entfernung von etwa zwei bis drei Metern Ware, die dann mit einem kleinen Spielzeuglaster gebracht wird. Durch die Ansprache ohne Blickkontakt aus dieser Entfernung ist das Hören schwieriger und es ist mehr Höraufmerksamkeit gefragt.

▶ Achten Sie beim Bezahlen darauf, dass nicht einfach nur Zahlen genannt werden: „Wie viel kostet das alles zusammen?" „Fünf!" Wenn Sie nachfragen „Fünf Euro?", sagen auch Kinder zu Beginn der Sprachentwicklung dies bald selbst und lernen, dass die Zahl alleine hier nicht ausreicht. Wenn Kinder auf die Frage noch gar nicht antworten, verwenden Sie eine Alternativfrage: „Zwei Euro oder fünf Euro?"

Tipp

→ Beziehen Sie beim Kaufladen-Spiel mit Vorschulkindern auch mal die Schrift mit ein: Gestalten Sie zusammen ein Ladenschild, z. B. für die Eisdiele. Schreiben bzw. malen Sie gemeinsam einen Einkaufszettel oder schreiben Sie Preisschilder. Die Verhandlungen über die einzelnen Preise sind wieder gute Dialoganlässe.

Kochen und Restaurant spielen

Neben dem Kaufladenspiel ist das Kochen in der Puppenküche mit Knete, Kastanien, Steinen u. Ä. sehr beliebt und bietet zahlreiche Gesprächsanlässe. Knete wird durch die Knoblauchpresse zu Spaghetti verarbeitet, mit Ausstechförmchen werden Knete-Plätzchen hergestellt und über die Kastanienknödel wird noch fiktiv etwas Salz gestreut. Es wird auf- und zugemacht, umgefüllt, geschüttet, gerührt, geschnitten, gerollt, geteilt, gekocht, gebacken, gebraten, und wenn der Tee im Mini-Bierkrug serviert wird, muss das natürlich diskutiert werden. Schon im „Räumalter" decken Kinder gerne den Tisch für ihre Puppen und Tiere oder auch für Oma und Opa. Dabei wird gezählt und über Teller, Schüsseln, Tassen, Becher und Besteck gesprochen.

Dieses Spiel können Sie erweitern, wenn Sie zusammen Restaurant spielen. Schon das gemeinsame Erstellen der Speisekarte bietet viele Dialogthemen: Was gibt es zum Trinken? Gibt es auch warme Getränke? Was gibt es zum Essen? Gibt es auch was Süßes zur Nachspeise? Bei der Bestellung ist wieder das Hörgedächtnis gefragt, wenn die Mutter z. B. eine Apfelschorle, (Knete-)Spaghetti und einen Espresso bestellt. Beim anschließenden

Gemeinsam kann man eine Speisekarte erstellen.

Bezahlen kann noch mal überlegt und besprochen werden, was von wem bestellt und verzehrt wurde.

Spiele mit Autos und Eisenbahn

Sind Sie manchmal ratlos, weil Ihr Kind immer nur mit seinen Autos und der Eisenbahn spielen will? Sie sind damit nicht allein und daher hier ein paar Tipps, wie Sie diese Leidenschaft Ihres Kindes aufgreifen können.

Fahrzeuggeräusche sind unterschiedlich.

Für die ganz Kleinen ist es einfach faszinierend zu beobachten, wie sich die Räder drehen, und dass die Autos ein Stück alleine fahren, wenn man sie anschiebt. In dieser Zeit sind die Autogeräusche, die Themen „langsam" und „schnell" und die ersten Fahrzeugnamen, wie „Polizei" und „Müllauto" wichtig. Dies ist oft das Alter, wo Räumspiele interessant sind. Wenn Sie in einen umgedrehten Schuhkarton ein Tor schneiden, können alle Autos nacheinander in dieser Garage verschwinden. Dies bietet wieder Sprachanlässe, wie z.B.: „Fährt das Müllauto auch in die Garage?" Autogeräusche werden ähnlich wie Tiergeräusche früh imitiert. Bieten Sie daher Variationen an, wie z.B. „tatü-tatü", „brr-brr-brr" (langsamer Traktor), „brrrrr" (schnelles Rennauto). Autos, die in einer Parkgarage langsam nach oben fahren, machen ein anderes Geräusch als die, die schnell nach unten fahren.

Danach beginnen die Kinder mit ersten Rollenspielen: Autos werden geparkt, zwei Autos stoßen zusammen, die Feuerwehr fährt zum Einsatz. Lassen Sie sich auf die Ideen Ihres Kindes ein, dann ergibt sich ein Spiel, in dem immer auch Dialoge entstehen, z.B. um auszuhandeln, was als Nächstes passiert.

Am Bahnhof gibt es kurze Durchsagen.

Bei der Eisenbahn wiederholen sich immer wieder kurze Ansagen, die schon früh imitiert werden und nicht selten erste Zwei-Wort-Verbindungen anregen, wie „Alle einsteigen", „Türen schließen", „Bahnhof Moosburg". Wenn Sie Verkehrsschilder und eine Ampel haben, bieten sich weitere Sprachanlässe: Kinder merken sich schnell die Bedeutung der Zeichen und erkennen sie auch im Straßenverkehr wieder: „Stopp, anhalten!", „P wie Parkplatz", „Achtung Baustelle", „Achtung Kurve" usw.

Beispiel

Martin begeisterte sich von Anfang an für Autos und kannte schon früh alle Sorten von Baufahrzeugen und Wörter wie „Monstertruck" aus seinem Lieblingsbilderbuch. Als er in der Förderstunde wieder einmal die Autokiste haben will, spielen wir zur Abwechslung mal Autohändler: Auf ein großes Papier malen wir viele Parkplätze und nummerieren sie. Dann wird jedem Auto ein Parkplatz zugeteilt: Die Feuerwehr auf Nummer eins, der Laster auf Nummer acht usw. Er ist der Autoverkäufer und die Mutter erklärt, dass sie ein großes Auto braucht, wo auch Fahrräder reinpassen. Daraus ergeben sich Gespräche darüber, warum sie keinen Laster will, ob eine Probefahrt möglich ist und wie viel das Auto kosten soll.

Achten Sie darauf, dass es Autos und Eisenbahnwaggons gibt, wo kleine Tiere, kleine Püppchen oder Legosteine aufgeladen werden bzw. mitfahren können. So ergeben sich viele zusätzliche Themen, wie z.B.:

- Wer darf mitfahren, wer muss am Bahnhof oder Parkplatz warten?
- Fährt ein Tier oder ein Püppchen alleine oder zusammen mit anderen? Warum darf ein Baby noch nicht alleine Zug fahren oder warum sind der Löwe und der Hase besser nicht im selben Zugwaggon?
- Steigt jemand im Zug vorne ein oder hinten?

- Holt das Müllauto das Altpapier ab?
- Passt auf den Laster noch etwas drauf oder ist er schon voll?

Im Spiel mit Autos und Eisenbahn können Kinder auch frühe Erfahrungen mit der Schrift machen:

- Bahnhöfe bekommen Schilder mit Namen von Orten, die das Kind kennt.

- Für Zugfahrgäste werden gemeinsam Fahrkarten angefertigt.

- Eine Baustelle (z. B. ein Lego-Haus) braucht neues Material und die Bestellung steht auf einem zusammengefalteten Zettel, der mit dem Laster zum Kind fährt. Das Kind faltet ihn auf und die Mutter liest vor: „Drei kleine rote Steine und ein Fenster." Auch hier sind wieder Höraufmerksamkeit, Sprachverständnis und Hörgedächtnis gefragt.

Konstruktionsspiele

In der Wohnung oder draußen Höhlen, Häuser und Lager zu bauen, ist eines der beliebtesten und wichtigsten Kinderspiele. „Das Kind markiert **Häuser und Höhlen sind wichtig.**
für alle sichtbar: Hier bin ich, und da ist die Welt" (Pohl 2011, 104). Kinder schaffen sich dadurch einen Raum der Geborgenheit und Sicherheit und dieser ganz persönliche Raum hilft ihnen bei der Entwicklung ihres Selbstbildes, ihrer Ich-Identität.

Konstruktionsspiele beginnen, wenn Kinder mit 10–15 Monaten Behälter ein- und ausräumen. Danach folgt das Stapeln von Gegenständen, das Turmbauen. Dieses Spiel wiederholen Kinder immer wieder, weil sie die Spannung zwischen dem Wachsen des Turmes und dem Einstürzen lieben. Später haben Kin- **Bauen beginnt im Babyalter.**
der schon Erfahrungen gesammelt, wie sich verschiedene Materialen verhalten, wenn man mit ihnen etwas baut, und sie haben ein Bild im Kopf, was sie bauen möchten.

Bauen ist grundsätzlich ein Spiel, das Kinder gerne alleine oder mit anderen Kindern machen. Ähnlich wie beim Basteln bietet etwas Unfertiges– etwas, das erst entsteht – immer auch Dialoganlässe.

Beispiel

Durch den Umzug der Familie ergibt sich für die 5-jährige Natalia das Thema „Zimmer und Möbel". Wir bauen in mehreren Stunden gemeinsam in einem flachen Karton eine Wohnung aus Papier und Pappe; Natalia legt besonders Wert auf die Details. Bei den Überlegungen, wie man z. B. am besten einen Ponystall mit Futtertrog bastelt und wo dieser sinnvollerweise in der Wohnung untergebracht werden kann, kommt Natalia mit ihrer Mutter und mir so intensiv ins Gespräch, wie selten zuvor. Zu Hause vollendet der Opa mit ihr das Projekt zu Natalias ganz persönlicher Traumwohnung.

Das Wühlen in der Bauklotzkiste ist laut.

Wenn Sie gemeinsam mit Legosteinen oder anderen Bauklötzen bauen, beachten Sie, dass das Wühlen in der Kiste nach einem passenden Stein sehr laut ist. Sprechen Sie daher während dieser Aktion das Kind nicht an, sondern warten Sie ab, bis es das passende Teil gefunden hat.

Puzzlespiele sind ebenfalls Konstruktionsspiele, eignen sich jedoch eher zur stillen Beschäftigung. Wenn Sie die Teile eines Kleinkinderpuzzles, bei dem auf jedem Puzzlestück ein ganzes Bild zu sehen ist, in einen leeren Krabbelsack geben und abwechselnd herausholen, wird Sprache relevant, weil die Neugier motiviert. Mit einem vertrauten Puzzle können Sie auch ein Ratespiel daraus machen: Abwechselnd wird ein Teil verdeckt herausgeholt und der andere muss suchen, wo der richtige Platz ist: „Wo kommt der Löwe hin?" Hier ist wieder Hinhören, Sprachverständnis und das Formulieren von Fragen wichtig. Diese Art zu puzzeln ist für unruhige und eher unkonzentrierte Kinder geeignet, da nicht viele Einzelteile auf dem Tisch oder Boden liegen, die zum Wühlen oder Werfen anregen. Für ältere Kinder geht es beim gemeinsamen Puzzlen um die Detailbenennung, da auf jedem Teil ein kleiner Ausschnitt eines Gegenstandes zu sehen ist: „Ich glaube, das gehört zu der Fee. Das sieht aus, wie die Spitze des Zauberstabs."

Regelspiele

Unter Regelspiele fallen alle Spiele, die nach vor-gegeben Regeln ablaufen, also neben den Gesell-schaftsspielen mit Würfeln und Bildkarten z.B. auch Kreisspiele. In diesem Kapitel wird auf die Regelspiele im engeren Sinne, also auf die Gesell-schaftsspiele, eingegangen.

Abzählreime sind oft die ersten selbst gesprochenen Verse.

Vielen Eltern fällt es sehr viel leichter, ein Farbwürfelspiel oder Memory mit ihren Kindern zu spielen als freie Spiele mit Autos, Tieren oder Puppen. Kinder beginnen damit ab einem Entwick-lungsalter von ca. drei Jahren. Jedes Spiel beginnt mit der Fra-ge, wer anfangen darf. Verwenden Sie daher schon früh einen Abzählvers. Dabei muss der Sprechrhythmus mit dem Zeigen auf die Personen gut abgestimmt werden. Diese kurzen Sprü-che gehören oft zu den ersten Versen, die ein Kind auswendig kann – eine gute Übung für das Hörgedächtnis.

→ *Erste Abzählverse können sich hörgeschädigte Kinder zu Beginn der Spra-*
chentwicklung leichter merken, wenn der Inhalt und die Form der Sätze aus
der Alltagssprache vertraut sind. „Eine kleine Micky Maus, zieht sich ihre
Hose aus, zieht sie wieder an und du bist dran!" ist daher besser geeignet
als „Ene, mene, miste, es rappelt in der Kiste, ene, mene, mek und du bist
weg!"

Auch wenn auf den ersten Blick die jeweilige Spielhandlung
im Vordergrund steht, wie z.B. Karten sammeln oder mit einer
Spielfigur ein Ziel erreichen, steckt in allen Regelspielen viel
sprachliche Anregung. Hier einige Beispiele:

▶ Zu Beginn werden die Regeln erklärt – hier sind Höraufmerksamkeit
und Sprachverständnis gefragt. Lassen Sie auch mal das Kind die Regeln erklären, wenn neue Mitspieler dabei sind.

▶ Der Wortschatz wird durch die typischen Materialien und Handlungen erweitert: Spielplan, Farbwürfel, Symbolwürfel, Kärtchen, Spielchips, mischen, austeilen, Karten stapeln, Karten ziehen, aussetzen,
überholen, Pech haben, Glück haben ...

▶ Steigerungsformen spielen eine wichtige Rolle: Ein Kartenstapel ist
höher, der andere niedriger; eine Spielfigur ist schneller und eine
langsamer; einer hat mehr und der andere weniger Spielchips usw.

▶ Regelspiele sind immer eine intensive „Ich-Übung": „Wer mischt?",
„Wer teilt aus", „Wer ist als nächster dran?", „Wer hat die passende
Karte", „Wer weiß die Lösung?", „Wer gewinnt?"

▶ Durch die immer wieder gleichen Handlungen entstehen natürliche
Satzmusterwiederholungen, ohne dass starre Vorgaben gemacht
werden.

▶ Bei der Spielvorbereitung, z.B. dem Austeilen von Karten, und am
Ende des Spiels muss oft gezählt werden.

▶ Neben dem Erkennen von Symbolen auf Würfeln oder Karten ist in
manchen Spielen das Lesen von Ereigniskärtchen enthalten.

Häufig entstehen wichtige sprachliche Inhalte nicht zum Thema des Spiels, sondern nebenbei. So ist bei einem Farbwürfelspiel die Benennung der Farben von der Sprachförderung her gesehen oft nur eine Nebensache. Sätze, wie „Ich bin dran. Oh, nein, nicht schon wieder blau. Gleich hast du gewonnen! Du darfst noch mal würfeln." regen den Spracherwerb und die Dialogentwicklung viel intensiver an.

Thema „Abwarten"

▶ In Regelspielen lernen Kinder abwarten, bis sie dran sind. Dies ist für Kleinkinder schwierig und gleichzeitig eine wichtige Erfahrung, auch für die Dialogentwicklung. Hörgeschädigte Kinder sind aus der frühen Zeit gewohnt, dass auf ihre sprachlichen Äußerungen sofort eingegangen wird. Später fällt es ihnen daher oft schwer anzunehmen, dass sie auch mal abwarten müssen, bis ein Gesprächspartner reagiert, weil dieser z.B. gerade mit einer anderen Person spricht.

Als erstes Regelspiel eignet sich ein einfaches Farbwürfelspiel, das Sie selbst herstellen können: Kleben Sie auf die sechs Seiten eines Würfels z.B. dreimal einen gelben und dreimal einen blauen Klebepunkt (erhältlich im Bürobedarf). Die restlichen Klebepunkte bleiben auf ihrer Träger-Folie und liegen in der Mitte. Jeder Spieler bekommt ein kleines Blatt Papier. Die Farbe, die man gewürfelt hat, darf man sich von den Restpunkten nehmen und auf das Blatt kleben. Dieses Spiel ist gut für den Anfang, weil man genau das bekommt, was man gewürfelt hat, d.h. keine Übertragung vom Würfelsymbol auf einen Gegenstand nötig ist. Vier bis fünf Spieldurchgänge sind genug. Bei Kleinkindern muss das Spiel zeitlich überschaubar bleiben; es zählt noch nicht das Gewinnen, sondern die Spielhandlung an sich.

Kleinkinder interessiert der Ablauf des Spiels, nicht das Gewinnen.

Tipp

→ *Würfeln ist auf einem glatten Tisch oft unangenehm laut: Benutzen Sie z.B.*
den Deckel des Spiels als Unterlage.

In fast jeder Familie gibt es ein **Memory-Spiel**: Aus einer Vielzahl von verdeckt aufliegenden Kärtchen müssen immer die zwei gleichen gefunden werden. Sprachlich ist in diesem Spiel viel Wiederholung enthalten, wenn man die umgedrehten Bilder benennt. Ein echter Sprachanlass ist diese pure Benennung jedoch nicht, weil die Kinder visuell vergleichen und sich die Bilder visuell merken müssen. Daher gibt es häufig Kinder, welche die Bilder nicht benennen wollen, wenn sie diese aufdecken. Wenn aber ein Pärchen gefunden wird, ist die Freude groß, und es wird z.B. stolz gesagt: „Da ist der Schmetterling!" Sie können zusätzlich die Mehrzahlform anbieten: „Jetzt hast du doch die Schmetterlinge gefunden!" oder die Ordnungszahl betonen „Ach, da war *der zweite* Schmetterling."

Beispiel

Damir liebte Zeichentrickfilme. Nach einem Besuch im Euro-Disney-Park bastelte seine Mutter mit ihm aus den Fotos ein Memory. Dadurch kannte er die Namen der vielen verschiedenen Disney-Figuren schnell besser als ich. Aufgrund seiner zusätzlichen Entwick- *lungsverzögerung verlief Damirs Sprachentwicklung eher langsam und sein Spezialwissen, das er durch das persönliche Erlebnis und sein Memory erworben hatte, beeindruckte seine Freunde und die Erzieherinnen im Kindergarten.*

Eine Memory-Variation ist das Versteckspiel: Sie suchen zusammen etwa sechs Pärchen aus. Die Karten einer Serie werden gemeinsam im Zimmer versteckt. Die zweite Serie wird gemischt und verdeckt auf den Tisch gelegt. Man nimmt eine Karte und muss sagen, wo man das passende Bild vermutet: „Ich glaube, der Indianer ist unter dem Puppenbett." Wenn das stimmt, bekommt man das Pärchen und der Nächste ist dran.

Wenn Ihr Kind gerne Bilderlotto spielt, können Sie Zuhör- und Sprachanlässe schaffen, indem Sie die aufgenommene Karte verdeckt halten und stattdessen fragen: „Wer hat die Gummistiefel?" So muss das Kind zuhören, um zu wissen, was es auf seiner großen Bildertafel suchen soll. Würde es das Bild sehen, während die Frage gestellt wird, könnte es die Bildpaare rein visuell erkennen, und das Zuhören wäre überflüssig. Natürlich zeigt man das Bild nach der Frage, sobald man merkt, dass das Kind den Begriff noch nicht kennt und einen ratlos ansieht. Ist das Kind an der Reihe, sollte es ebenfalls versuchen, eine Frage zu formulieren, bevor es das Bild zeigt – auch, wenn es zu Beginn nur ein Wort ist, wie „Gummistiefel".

Angelspiele sind beliebt, weil es spannend ist, was an der Angel hängt, wenn man sie aus dem Aquarium des Spiels (oder aus einem einfachen Karton) zieht. Außerdem ist Angeln auch motorisch eine kleine Herausforderung. Den Wortschatz können Sie einfach erweitern, indem Sie Bildkarten dazu nehmen: Jede Bildkarte kann durch eine aufgesteckte Büroklammer geangelt werden. Das Spiel „Blinde Kuh" von Ravensburger bietet schönes Bildmaterial für ganz kleine Kinder an; die Bilder sind auf beide Seiten gedruckt und haben die passenden Umrisse. So hat z. B. eine Säge Zacken und eine Leiter Sprossen. Dies regt u. a. dazu an, über die Dinge zu sprechen und sie nicht nur zu benennen: „Pass auf, die Säge ist scharf."

Bilder kann man angeln, wenn man eine Büroklammer daransteckt.

Im *Serviceteil* finden Sie weitere Empfehlungen für Regelspiele, die sich in der Frühförderung mit hörgeschädigten Kindern bewährt haben. Spiele sind schnell vergriffen: Gemeinsam auf einen Flohmarkt zu gehen, ist ein schönes Erlebnis für Kinder.

Geräuschespiele

Das Wichtigste ist das Erkunden von Geräuschen im Alltag, wie in *Kap. 5 / Geräusche erkunden* ausführlich beschrieben. Ergänzend dazu finden Sie hier einige Spielideen. Es ist kein Zufall, dass dieser Bereich das Kapitel zur Förderung im Spiel abschließt: Weil Kinder früh auf Geräusche reagieren, werden Spiele aus diesem Bereich oft überbetont. Aber der Dialog mit dem Kind steht, vom Säuglingsalter an, an erster Stelle!

Der Dialog steht an erster Stelle.

Fällt es Ihrem Kind aufgrund von Problemen in der Bewegungsentwicklung schwer, selbst zu greifen und einen Gegenstand festzuhalten, können Sie ihm ein Band mit Glöckchen um Hand- oder Fußgelenk binden. Es gibt auch fertige Handgelenksrasseln und Rasselsöckchen zu kaufen. Selbstverständlich sollten Sie Ihr Kind mit diesen Dingen nicht stundenlang spielen lassen, da es die Geräusche noch nicht selbst bewusst steuern und beenden kann. Fünf bis zehn Minuten genügen. Die Geräusche werden sonst uninteressant und die Höraufmerksamkeit wird nicht gefördert, sondern nimmt durch die Dauergeräusche ab.

Wenn Ihr Baby gerne unter einem Trapez liegt, hängen Sie Dinge daran, die rascheln, klingeln oder klappern. Wichtig ist, dass das Baby durch seine Händchen die Geräusche selbst erzeugen kann, und so den Zusammenhang zwischen Geräusch und Ursache kennenlernt. Achten Sie auf eine gute Befestigung, damit keine Sachen verschluckt werden.

Tipp

→ *Wenn Kinder mit starken zusätzlichen Entwicklungsbeeinträchtigungen nicht auf Geräusche reagieren, heißt das nicht automatisch, dass sie nicht hören. Bieten Sie daher nicht passiv Geräusche an oder werden lauter, wenn keine Reaktionen zu sehen sind. Es besteht sonst die Gefahr einer Überstimulation.*

Kleine Döschen eignen sich gut als selbst gemachte Rasseln mit verschiedenstem Inhalt. Man findet sie oft im Küchenbedarf. Geben Sie immer auch ein Döschen ohne Inhalt dazu. Das regt Ihr Kind dazu an, das Döschen noch einmal zu schütteln, da es ja ein Geräusch erwartet hat, und es wird dann viel interessierter auch die anderen Döschen nochmals ausprobieren.

Auch das Erlebnis der Stille gehört zum Hörenlernen. Natürlich dürfen Sie Babys mit den Döschen nicht alleine lassen, damit sie nicht an den Inhalt geraten und ihn in den Mund stecken.

Hör-Memorys mit unterschiedlich gefüllten Döschen sind auch für normal hörende Kinder und Erwachsene schwierig. Wenn sie so ein Hör-Memory mit Ihrem Kind basteln möchten, achten Sie auf sehr unterschiedliche Geräusche. Die Dosen von käuflichen Geräuschespielen lassen sich meist nicht öffnen. Sie sind für hörgeschädigte Kinder nicht geeignet, denn sie sollen ja erfahren, *was wie* klingt, und dafür müssen sie den Inhalt auch mal ansehen können.

Stille hören ist eine wichtige Erfahrung.

Babys werfen gerne Dinge runter. Zum einen reagiert dann meistens jemand, der die Sachen wieder aufhebt und sich dem Kind zuwendet, und zum anderen werden dabei die verschiedensten Geräusche erzeugt. Dieses Interesse können Sie nutzen, indem Sie verschiedene Gegenstände gemeinsam in eine Blechdose oder einen Eimer fallen lassen *(Kap. 6 / Räum-, Such- und Ratespiele)*.

Babys experimentieren mit Fallgeräuschen.

Beispiel

Ein Vorschulkind hat neulich ein Hör-Spiel erfunden: Murmeln zählen nach Geräusch: Einer muss die Augen schließen, der andere lässt mehrere Murmeln nacheinander in eine Dose fallen. Der andere zählt anhand der Fallgeräusche mit, wie viele Murmeln es waren.

Geräuschespiele am PC oder über Audio-CDs sind immer nur Ergänzungen zu den realen Erfahrungen, die das Kind im Alltag macht*(Kap. 5 / Telefon, Fernseher und PC)*. Suchen Sie lieber Gegenstände aus dem täglichen Leben zusammen, wie z. B. eine Schere, einen halb vollen Müsli-Karton, geknülltes Papier, ein Quietschtier oder eine halb volle Flasche, und machen daraus ein Geräusche-Rate-Spiel.

Tipp

→ *Für alle Spiele gilt: Tauschen Sie immer, wenn dies möglich ist, mal die Rollen. So entstehen für die Mitspieler neue Anforderungen, das Spiel bleibt interessant und wird partnerschaftlicher.*

Lieder, Verse und Fingerspiele

Von den ersten Kitzel-Spielchen mit dem Baby über Kreisspiele im Kindergarten bis zum Erlernen eines Musikinstrumentes: Musik und rhythmische Spiele sind wertvoll für die Sprach- und Gesamtentwicklung eines jeden Kindes. Dies gilt insbesondere auch für schwerhörige und gehörlose Kinder. Lieder, Verse und Fingerspiele sind daher von Anfang an elementare Bestandteile einer ganzheitlichen, hörgerichteten Förderung. Warum dies so ist, erfahren Sie in diesem Kapitel.

7

Die frühen Erfahrungen mit Liedern und Versen im Baby- und Kleinkindalter wecken nicht nur das Interesse an Musik und Rhythmus, sondern sind für die gesamte Entwicklung wertvoll, speziell auch für die Hör-und Sprachentwicklung.

Beispiel

„Da kommt die Maus, da kommt die Maus (mit den Fingern am Arm des Babys aufwärts laufen), klingelingeling *(am Ohrläppchen wackeln), ist der Jakob (Name des Kindes) zu Haus (an der Nase packen)?"*

Säuglinge erleben in diesen ersten interaktiven Spielchen immer wieder einen ähnlichen Ablauf: Sprache und Bewegung werden verbunden, Tonhöhe und Sprechgeschwindigkeit steigern sich bis zu einer kurzen Pause vor dem Höhepunkt, und die Spannung entlädt sich in einem Schlusseffekt, der Kind und Eltern gleichermaßen immer wieder Spaß macht (Papoušek 1994, 124). Kennt das Kind ein Spiel schon gut, lacht es oft bereits in der Pause, in Erwartung des Höhepunktes. Die gemeinsame Freude an diesen frühen Spielchen bringen Eltern und Kind in einen engen Kontakt. Die Schlusseffekte begeistern Kinder auch noch bei Singspielen im Kindergarten und führen schon in der Säuglingszeit zu einer besonderen Höraufmerksamkeit, da die Kinder gespannt auf eine Handlung oder auf ein bestimmtes Wort warten, wodurch der Höhepunkt angekündigt wird: „Dann macht der *Reiter* – plumps!"

Die Schlusseffekte steigern die Höraufmerksamkeit.

Musik und Bewegung zu verbinden ist für alle Kinder wertvoll.

Ein weiterer Aspekt ist die natürliche Form der Wiederholung. Lieder, Verse und Fingerspiele bleiben immer gleich und besonders Babys und Kleinkinder lieben die Wiedererkennung dieser Rituale, die so schön überschaubar sind. Außerdem haben Verse und Lieder für die Kleinsten auch im Text viele Wiederholungen, wie: „Die Türen vom Bus gehen auf und zu, auf und zu, auf und zu ... Die Lichter vom Bus gehen an und aus, an und aus, an und aus ..."

Kontraste erleichtern die Wahrnehmung

▶ Beim frühen Hören helfen zu Beginn Kontraste in der Tonhöhe, Geschwindigkeit und Lautstärke. Genau diese sind durch die langsame Steigerung bis hin zum Schlusseffekt in nahezu allen frühkindlichen Krabbelversen, Fingerspielen, Bewegungsspielen und Liedern enthalten. Im Kontrast zu den Liedern und Versen, welche die Aufmerksamkeit steigern und festhalten, stehen die beruhigenden Schlaflieder und tröstende Verse.

Zusätzlich erleben die Kinder den Rhythmus der Sprache in Liedern und Versen intensiv durch das Hopsen auf dem Schoß, durch Berührungen, wie das Krabbeln und Kitzeln mit den Fingern oder das rhythmische Bewegen der Beinchen bei Strampelspielen. Durch die Kontraste in der Sprachmelodie, die Lautstärkekontraste und die starke Rhythmisierung kann der Inhalt leichter erfasst und auch abgespeichert werden. Denken Sie an Telefonnummern, die man sich auch immer rhythmisiert merkt: 39-27-375. Diese Gliederung durch Melodie und Betonung ist für den Spracherwerb sehr wichtig. Bei Schrifttexten übernehmen das die Groß- und Kleinschreibung, die Satzzeichen und Leerstellen: wenndiesegliederungwegfälltistesmühsamdeninhaltzuerfassen. Aus diesem Grund sprechen Erwachsene im Alltag mit Babys und Kleinkindern sehr lebendig und dadurch kontrastreich. Zu Beginn der Hör- und Sprachentwicklung brauchen hörgeschädigte Kinder daher eine lebendige, emotionale Sprache, die so nur in der eigenen Muttersprache möglich ist. In jeder Sprache gibt es typische Lieder und Verse für Babys und Kleinkinder, die immer auch kulturelle Werte vermitteln.

Sprache und Bewegung werden verbunden.

Beispiel

Die 5-jährige Antonia bringt ihren älteren Bruder mit zur Frühförderstunde. Zum Abschluss wollen wir gemeinsam etwas singen und ich frage die Kinder, ob sie einen Vorschlag haben. Daraufhin fängt der Bruder an, lautstark das Fanlied vom FC-Bayern zu singen, und Antonia stimmt fröhlich mit ein. Dies zeigt deutlich, wie wichtig der Kontakt unter Kindern ist (die Eltern können das Lied gar nicht singen) und wie gemeinsames Singen in jedem Alter (auch unter Erwachsenen am Fußballplatz) zu intensiven Gemeinschaftserlebnissen führt.

Wenn Kinder anfangen zu singen, sind Eltern manchmal besorgt, weil es mehr nach Sprechgesang, also eher nach einem Rap klingt als nach einem Lied. Dies ist ganz normal. Die Entwicklungsschritte sehen oft so aus:

- Es wird nur die rhythmisierte Sprache eines Liedes nachgeahmt, ohne echte Wörter zu benutzen. Man kann dabei schon erkennen, dass diese Imitation etwas anders klingt als die Sprache des Kindes im Alltag.
- Einzelne Wörter oder Textteile werden leicht zeitlich versetzt im Lied imitiert.
- Einzelne Wörter und Textteile werden mitgesprochen und erste Melodien sind zu hören, die meist noch nicht erkennbar mit dem Lied zu tun haben.
- Erste kurze Liedtexte werden komplett mitgesungen, zum Teil mit richtiger Melodie.
- Phantasielieder mit spontanen Melodien und vertrauten Inhalten werden im Alltag gesungen: „Und dann sind die Kinder zum Schwimmen gegangen und ich hab' ein Erdbeereis gegessen..." oder bekannte Lieder werden abgewandelt: „Alle meine Maschinen, fahren auf den Schienen" (Melodie von „Alle meine Entchen").
- Mehrere Strophen eines Liedes werden korrekt und mit erkennbarer Melodie gesungen.

Lieder und Verse sind kulturspezifisch.

Es gibt hörgeschädigte Kinder, die gut singen lernen, und solche, bei denen der Text nicht vollständig und die Melodie bis ins Erwachsenenalter kaum erkennbar sind, ähnlich wie bei normal hörenden Kindern. Natürlich spielen aber bei hörgeschädigten Kindern auch der Zeitpunkt der Diagnose und die Hörentwicklung mit Hörgeräten und CI eine Rolle. Kinder, die z. B. erst mit vier oder fünf Jahren mit Hörtechnik versorgt wurden, hören später oft gerne Musik, singen aber meist nicht so gerne selbst, weil es für sie schwieriger ist, ihre eigene Stimme beim Singen zu kontrollieren. In welchem Alter hörgeschädigte Kinder anfangen, mit Freude Musik (CD, MP3) zu hören, ist ganz unterschiedlich. Die Hörqualität kann oft durch Direktanschlüsse vom Hörgerät oder CI an die Geräte verbessert werden. Erkundigen Sie sich dazu bitte bei Ihrem Hörgeräteakustiker oder im CIC.

Tipp

→ *CDs sind für Kleinkinder zum Erlernen von Liedern und zum Mitsingen nicht geeignet: Das Tempo ist meist viel zu schnell, die Lieder zu lang und der so wichtige persönliche Kontakt beim gemeinsamen Singen fehlt.*

CDs sind kein Ersatz für gemeinsames Singen.

Eltern fragen oft, welche Musikinstrumente für hörgeschädigte Kinder geeignet sind. Entscheidend ist, dass ein Kind ein bestimmtes Instrument gerne lernen will. In vielen Kursen zur musikalischen Früherziehung können Kinder verschiedene Instrumente kennenlernen und ausprobieren. Eventuell ist zu bedenken, dass es in Bezug auf das Hören einfachere und schwierigere Instrumente gibt: Beim Klavier wird z. B. für einen Ton eine Taste gedrückt, bei der Geige muss man den Ton selbst finden.

Den Inhalt von Liedern darf man nicht überbetonen.

Anregungen zu Liedern, Versen und Fingerspielen bekommen Sie u. a. in Krabbel- und Spielgruppen, wo zusammen neue Sachen ausprobiert werden. Doch auch Liederbücher motivieren Kinder. Abbildungen erleichtern Kleinkindern, Lieder im Buch wiederzufinden, geben ihnen Hinweise auf den Inhalt und machen sie neugierig auf neue Lieder. Gut geeignet sind daher Bücher, in denen jedes Lied ein eigenes Bild hat. Ein Klassiker unter den Liederbüchern sind die Liederfibeln aus dem Patmos Verlag, die es zu unterschiedlichen Themen gibt, auch mit CD, was u.a. hilfreich ist, um den etwas verblassten Erinnerungen an Lieder aus der Kindheit auf die Sprünge zu helfen. Die Bilder sind in den Liederfibeln wie Noten angeordnet. So kann das Kind die Melodie und den Sprachrhythmus sehen und mit dem Finger verfolgen.

Es ist auch für Kinder ohne Hörstörungen normal, dass sie nicht jedes Wort im Lied verstehen. Ich wusste bis ins Erwachsenenalter nicht, was „spannenlanger Hansel" heißen soll, habe aber das Lied vom Birnbaum als Kind gerne gesungen. Wenn man Liedtexte zu ausführlich erklärt, ist die Gefahr groß, dass das Kind keinen Spaß mehr daran hat. Es reicht aus, wenn es eine Vorstellung vom Thema des Liedes hat.

Vom Musikverlag Schott gibt es ein hübsch gestaltetes Poster „Musik und Tanz für Kinder" mit Abbildungen zu vielen traditionellen Kinderliedern. Kinder können auf ein Detail zeigen, z.B. das Kind mit der Laterne, und sich dadurch ein Lied wünschen; man kann damit auch Liederraten spielen: Einer singt, die anderen müssen das richtige Bild finden. Eine schwierigere Variante für ältere Kinder ist, ein Lied nur kurz anzusingen oder die Melodie zu summen.

Beachten Sie zum Thema „Musik" auch das *Kap. 6 / Musik und Bewegung*. Weitere Anregungen für Bücher zum Thema finden Sie im *Serviceteil*.

Bilderbücher

Gemeinsam Bilderbücher ansehen und über die Bilder und
Texte ins Gespräch kommen, ist für die Hör- und Sprachentwicklung Ihres Kindes ausgesprochen wertvoll. Es erlebt Ihre
Zuwendung und genießt es, im engen Kontakt mit Ihnen Erfahrungen aus dem Alltag in den Büchern wiederzuentdecken,
spannende neue Geschichten zu durchleben und zusammen
Spaß zu haben.

8

So bekommen Kinder Interesse an Büchern

Schon Babys interessieren sich für Bilderbücher: Sie schieben sie über den Boden, kauen auf den Ecken herum und werfen sie aus dem Kinderwagen. Sie erfahren aber auch schon, dass man Bücher auf- und zumachen kann, dass die Seiten vorne und hinten bedruckt sind, dass man durch Drehen die Bilder auf den Kopf stellen kann und dort ab und zu bekannte Gegenstände zu entdecken sind. Im Vordergrund steht aber noch das Hantieren.

Wenn Kinder beginnen, auf Fotos zu achten oder Werbeprospekte zu „lesen", ist es meist auch möglich, erste Bilderbücher gemeinsam anzusehen. Bis zum Alter von etwa vier Jahren wollen Kinder ihre Lieblingsbücher immer wieder ansehen. Auch Bilderbuchserien, in denen dieselben Tiere oder Personen immer wieder Neues erleben, sind in dieser Phase sehr gefragt (*Serviceteil*). In diesen ersten Jahren lieben sie es, Figuren, Gegenstände und Handlungen wiederzuerkennen. Das gibt ihnen Orientierung und Sicherheit.

Kleinkinder lieben es, Figuren und Gegenstände wiederzuerkennen.

Außerdem gibt es viel sprachliche Wiederholung, wenn z. B. immer wieder über das Bild mit der Baustelle gesprochen wird oder über die kleine Ente, die ihre Mama sucht.

Ein Zoobesuch kann durch ein Bilderbuch vom Zoo ergänzt, aber nicht ersetzt werden. Erst mit den Erinnerungen an das konkrete Erlebnis wird ein Kleinkind auch gerne Dinge aus seinem Leben im Buch wiederentdecken. Es verbindet die Bilder mit dem, was es mit allen Sinnen erlebt hat. So erinnert es sich beim Bild vom Affenkäfig an den Geruch, die lustig aussehenden Tiere, ihre Spiele, die Geräusche und vielleicht die glatte,

Reale Erfahrungen und Bücher können sich ergänzen.

kalte Glasscheibe. Es ist bekannt, dass Wörter leichter aus dem „Archiv" im Kopf abrufbar sind, wenn sie unter möglichst vielen Punkten abgespeichert wurden. Bei dem Beispiel der Affen also nicht nur unter deren Aussehen, sondern auch unter deren typischen Bewegungen, deren Geruch, den Geräuschen und den Gefühlen, die sie auslösten. Wenn Ihr Kind bereits etwas älter ist, kann es durch die vielen Erfahrungen, die es schon gemacht hat, aus Büchern natürlich auch neue Dinge lernen.

Die besten Lernbedingungen schaffen Sie, wenn Sie es sich erst mal mit Ihrem Kind gemütlich machen. Auf dem Schoß oder nebeneinander gekuschelt auf dem Sofa genießt Ihr Kind Ihre persönliche Zuwendung und die Zeit, die Sie sich für es nehmen. Durch die körperliche Nähe können auch spannende Inhalte einer Geschichte „gefahrlos" gemeinsam durchlebt werden, wenn z.B. der Bär beim alten Förster Wanja nachts im Schneesturm an die Tür klopft *(Serviceteil / Empfehlungen für Bilderbücher)*. Selbstverständlich sollten Sie immer darauf eingehen, wenn Ihr Kind den Blickkontakt sucht. Kinder können manchmal neue, weniger vertraute Inhalte zu Beginn besser verstehen, wenn sie zusätzlich die Mimik und das Mundbild sehen. Wiederholen Sie dann einfach mit Blickkontakt, was Sie gerade gesagt haben. Die Anleitung, Bilderbücher grundsätzlich nur mit Blickkontakt anzusehen, sich also immer gegenüberzusitzen, gilt heute nicht mehr.

Machen Sie es sich zusammen gemütlich.

Das fördern Sie mit Bilderbüchern:

- die Dialogfähigkeit,
- den passiven und aktiven Wortschatz,
- das Zuhören,
- das Erzählen,
- den Schriftspracherwerb,
- das Gedächtnis,
- die Konzentration und die Ausdauer,
- das Wissen, auch über die eigene Kultur,

- das Einfühlungsvermögen in Personen und Situationen,
- das Wahrnehmen und Ausdrücken von Gefühlen,
- die Phantasie,
- das ästhetische Empfinden für Sprache und Bilder und
- den Humor.

Zu Beginn wollen Kinder oft ein Buch schnell ansehen, blättern immer weiter und achten dabei noch wenig auf Ihre sprachlichen Kommentare oder Erklärungen. Wenn sie durch die Bilder schon eine Orientierung haben, was in dem Buch vorkommt, sind sie eher bereit, die einzelnen Bilder genauer anzusehen und darüber ins Gespräch zu kommen. Wenn Kinder grundsätzlich nur weiterblättern wollen, liegt das oft daran, dass sie sich einfach noch nicht so lange konzentrieren können oder noch ganz am Anfang der Sprachentwicklung stehen. Sie verstehen dann wenig davon, was die Erwachsenen sagen, und wollen lieber das nächste Bild sehen. Gleichzeitig ist aber der Dialog über die Bilder die beste Sprachförderung. Wie können wir die Kinder in dieser Phase dazu bringen, dass sie länger auf einer Seite bleiben, auf etwas zeigen und wir darüber sprechen können? Was tun, wenn Kinder immer nur blättern wollen?

Neue Bücher werden schnell durchgeblättert.

▶ Wählen Sie Bücher zu Themen, die das Kind am meisten interessieren.

▶ Verwenden Sie Bilderbücher, die zum Handeln anregen, wie z.B. Pappbilderbücher mit stabilen Klappen, die man öffnen kann. Kinder sind neugierig. Versteckte Abbildungen zu entdecken ist daher spannend. Auch Bücher zum Fühlen sind für kleine Kinder interessant.

▶ Machen Sie das Buch lebendig: Lassen Sie z.B. Figuren sprechen. So sagt der Polizist auf dem Bild vielleicht sehr ernst „Stopp!" und hebt dabei die Hand oder die kleine Ente ruft: „Mama, wo bist du?" Dies weckt die Neugier der Kinder und oft wiederholen sie diese Äußerungen spontan, besonders, wenn sie sehr emotional gesprochen werden. Sie machen eine Abbildung außerdem lebendig, wenn Sie z.B. ein Tier streicheln: „Ei, ei, so ein lieber Hase" oder sich an einem Feuer auf der Feuerwehrseite den Finger verbrennen und darauf pusten müssen: „Aua – das ist heiß!"

Beispiel

Lena liebt das Buch „14 Mäuse machen Frühstück". Auf der Seite, auf der die zahlreichen Betten der Mäusekinder abgebildet sind, bemerkt die Mäusemutter, dass ein Kind ins Bett gemacht hat. Als Lena wieder schnell weiterblättern will, fühlt die Mutter mit dem Finger, ob das Bett nass ist und sagt: „Oh, schau mal, das ist ganz nass!" Sofort ist Lena mit ihrer ganzen Aufmerksamkeit bei der Sache, imitiert spontan „nass, nass" und führt immer wieder mit gespannter Erwartung den Finger der Mutter zu dem Bett.

Die Lesekultur in der Familie ist wichtig.

Nicht zuletzt ist natürlich beim Thema „Interesse an Büchern" das Vorbild entscheidend: Wenn Kinder erleben, dass für Eltern und Geschwister Bücher zum Alltag gehören, dann werden diese auch ihre Neugier wecken.

Dialog am Bilderbuch

In den ersten Lebensjahren steht der Dialog über die Bilder an erster Stelle. Später erst gewinnen auch die Texte an Bedeutung. Ein Gespräch entsteht bereits, wenn das Kind auf etwas im Buch zeigt und der Erwachsene darauf eingeht.

Interessant ist zu beobachten, ob ein hörgeschädigtes Kind bereits einen sprachlichen Kommentar erwartet und unzufrieden wird, wenn dieser nicht erfolgt. Die Kinder suchen dann den Blickkontakt und zeigen erneut, um ihrem Wunsch nach einer sprachlichen Reaktion Nachdruck zu verleihen. Dies heißt: Das Kind sagt selbst noch nichts zu dem Bild, sondern teilt

Zeigen ist ein Dialogbeginn.

seine Meinung über das Zeigen mit. Es hat aber schon verstanden, dass es Sprache gibt und wozu diese nützlich sein kann: In unserem Beispiel, um Erklärungen zu einem Bild zu bekommen. Die Kinder haben in dieser Phase erstes Sprachverständnis und vergleichen auch gerne, ob Mama oder Papa einen ähnlichen Kommentar zu dem Bild geben wie den, den sie schon kennen und daher auch erwarten. Später zeigen Kinder und sagen selbst etwas zu dem Bild. Auch Erwachsene zeigen oft zusätzlich zum Sprechen auf ein Detail im Bild und lenken so die Aufmerksamkeit des Kindes. Nimmt das Sprachverständnis zu, wird dies immer weniger gemacht.

Der große Vorteil von Bilderbüchern ist, dass man das Tempo selbst bestimmen und beliebig lange bei einem Detail oder einer Seite verweilen kann – bei einem Film ist das nicht möglich.

In Bilderbüchern bestimmt man das Tempo selbst, im Film nicht.

Achten Sie schon in dieser frühen Phase darauf, dass das Gespräch nicht einseitig verläuft: Das Kind zeigt – Sie sagen etwas dazu; das Kind zeigt – Sie sagen etwas dazu usw. Im natürlichen Dialog werden Meinungen ausgetauscht. Das heißt, dass auch Sie mal auf ein Detail im Buch aufmerksam machen und damit Ihre Meinung einbringen.

Beispiel

Nachdem im Mäusebuch ausführlich auf das nasse Bettchen eingegangen wurde, sagt die Mutter zu Lena: „Schau mal, das Mäusekind hat aber einen schönen Schlafanzug – mit Sternchen! Du hast doch auch ein Nachthemd mit bunten Sternchen."

Schaffen Sie persönliche Bezüge.

Mit dem Hinweis auf Lenas Nachthemd bringt die Mutter ihre Meinung ein und schlägt außerdem eine Brücke zwischen dem Bilderbuch und der Erlebniswelt des Kindes. Sie schafft damit einen persönlichen Bezug zu der Abbildung bzw. der Geschichte, was wiederum das Interesse am Buch und den sprachlichen Austausch fördert. Auch Kinder bringen ihre eigene Erfahrungen ein, wenn Lukas z.B. bei einer Abbildung eines Fußballspieles stolz kommentiert: „Lukas auch Tor!" Wenn seine Mutter dann bestätigt: „Ja, du hast auch schon viele Tore geschossen", fühlt er sich verstanden, hört seine Äußerung noch mal in korrekter Form, wird aber nicht zum Nachsprechen aufgefordert *(Kap. 2)*.

Überlegen Sie zusammen, was in der Geschichte als Nächstes passieren wird.

Wenn Sie Ihr Kind auf persönliche Erfahrungen zum Thema aufmerksam machen, sprechen Sie außerdem über etwas, was nicht direkt auf der Abbildung zu sehen ist: Das ist eine höhere und sehr wichtige sprachliche Ebene. Sie können auch vor dem Umblättern gemeinsam überlegen, was als Nächstes in der Geschichte passieren wird: „Was glaubst Du, wo die Conni mit dem Roller jetzt hinfährt?" Nicht selten antworten hörgeschädigte Kinder darauf: „Weiß (ich) nicht." Denn sie sind es gewohnt, dass Fragen gestellt werden, auf die es eine richtige Antwort gibt und sind daher verunsichert; eine eigene Meinung zu formulieren, kennen sie noch nicht. Verwenden Sie die Fragen „Was glaubst du?" oder „Was denkst du?" daher immer wieder, wo es gut passt. Kinder lernen deren Bedeutung, wenn Sie z.B. dazu ergänzen: „Glaubst Du, dass die Conni zu ihrer Freundin fährt oder dass sie sich ein Eis kaufen will?" Dadurch wird deutlich, dass es mehrere Antwortmöglichkeiten gibt. Kennt das Kind das Buch schon gut und Sie vermuten etwas Falsches, regt das Ihr Kind stark zum Sprechen an, weil es protestieren wird: „Ich glaube, die Conni fährt nach Hause." „Nein! Die will doch ein Eis kaufen!"

Sprechen Kinder ihre ersten Wörter, besteht häufig die Tendenz, dass Erwachsene die Benennung von Gegenständen, Personen und Tieren, also die Substantive, sehr stark hervorheben. Besonders erste Bücher mit je einem Gegenstand pro Seite, Bilderlexika oder Sachbilderbücher, verleiten dazu. Beachten Sie dazu, dass Kinder besonders Eigenschaften interessieren: So ist z.B. die Säge *scharf*, der ICE *fährt sehr schnell*, das Krokodil *schnappt* und der Schmetterling ist *schön bunt*. Sprechen Sie von Anfang an auch über Gefühle: „Der Hase hat keine Angst, weil der Fuchs ihn nicht sieht" oder „Conni ist stolz, weil sie Fahrrad fahren gelernt hat." Wenn Sie über die Dinge sprechen und sie nicht nur benennen, treffen Sie das Interesse des Kindes und fördern so schon früh den Erwerb von Verben und Adjektiven.

Substantive sollten nicht überbetont werden.

Kleinkinder lieben Bücher mit Themen aus ihrem täglichen Leben und können so den Wortschatz für die Dialoge im Alltag erweitern und festigen. Wenn Ihr Kind in der Sprachentwicklung schon weiter ist und Sie sich im täglichen Leben mit ihm schon gut verständigen können, sind Bilderbücher mit anderen Themen wichtig, um die Wortschatzentwicklung weiter anzuregen: Die Tatsache, dass die Kommunikation im Alltag schon gut gelingt, heißt nicht, dass das Kind sprachlich nicht mehr gefördert werden muss. Mit Büchern, die von neuen Themen handeln, wie Hexen, Zauberpferden, Rittern, Piraten oder anderen Ländern tauchen Kinder in ganz neue (Wortschatz-)Welten ein.

Ältere Kinder brauchen immer wieder neue Bücher mit wechselnden Themen.

Um Kinder anzuregen, selbst etwas zu sagen, müssen wir ihnen Zeit geben, Gedanken zum jeweiligen Bild zu entwickeln und diese auch zu formulieren: Machen Sie daher immer wieder Pausen, besonders nach dem Umblättern. Anstatt auf der neuen Seite gleich selbst Fragen zu stellen oder etwas zu erklären, warten Sie einfach ab, ob Ihr Kind auf etwas zeigen, etwas kurz kommentieren oder ausführlich dazu erzählen will. So wissen Sie auch gleich, welcher Aspekt das Kind auf dem Bild besonders interessiert und können darauf eingehen.

Warten Sie ab, ob das Kind etwas zeigen oder sagen möchte.

Zu Beginn der Sprachentwicklung ist es verständlich, dass Eltern ihren Kindern zu den Abbildungen immer wieder ähnliche Fragen stellen, weil es sie beruhigt, die richtige Antwort zu hören. Oft sind dies Fragen nach Farben, der Benennung oder der Anzahl von Gegenständen, wie z. B.: „Welche Farbe hat das Auto?", „Was ist das?", „Wie viele Babys hat die Katze?" Kinder sind in einem gewissen Stadium der Sprachentwicklung zwar stolz darauf, wenn sie auf diese Fragen schon antworten kön-

Fragen Sie nicht nach unwichtigen Details.

nen. Dies ist in der normalen Sprachentwicklung aber nur eine kurze Phase und wird eher als Frage-Antwort-Spiel verstanden und nicht als Sprachförderung. Auch hörgeschädigte Kinder merken sehr früh, ob man echte Fragen stellt oder sie nur abfragt bzw. testet. Dies hat nichts mit einem natürlichen Dialog zu tun, die Kinder fühlen sich bedrängt und werden nicht mehr sprechen, sondern weniger. Fragen Sie daher keine unwichtigen Details ab, sondern unterhalten Sie sich mit dem Kind über die Abbildungen. So ist z. B. interessant, dass das Lastauto den Sand auf der Baustelle abladen muss und nicht, welche Farbe der Laster hat.

Beachten Sie zum Dialog am Bilderbuch auch die DVD „Mit Kindern sprechen und lesen – Sprache kitzeln und fördern." *(Serviceteil)*. Hier werden sehr anschaulich Dialogsituationen mit Kindern von zwei bis acht Jahren gezeigt und erklärt.

Vorlesen von Bilderbüchern

Wenn größeren Geschwistern vorgelesen wird, setzen sich die Kleinen oft gerne dazu, auch wenn sie noch kaum etwas von den langen Texten verstehen. Dennoch profitieren sie von diesen Situationen – besonders kleine hörgeschädigte Geschwister würden sonst nicht dabei bleiben. Sie lauschen dem Klang der Stimme, wenn Mama, Papa, Oma oder Opa in ihrem persönlichen Stil vorlesen und genießen es, gemütlich und ungestört zusammenzusitzen. Auch das ist Hör-Förderung. Auf Schrift aufmerksam zu machen, ist schon bei den Bilderbüchern für die Kleinen sinnvoll, wenn Sie gemeinsam den Buchumschlag betrachten und Sie dabei auch auf den Titel zeigen und vorlesen: „Die kleine Raupe Nimmersatt" *(Serviceteil)*. Ihr Kind erlebt so schon früh, dass es Sprache auch in geschriebener Form gibt und dass es nützlich ist, diese zu beachten: Mit dem Titel und dem Bild auf dem Buchumschlag stimmen Sie Ihr Kind auf das Thema des Buches ein.

Kinder zeigen auf den Text.

Spätestens wenn Ihr Kind selbst in seinen Bilderbüchern auf den Text zeigt und fragt: „Was steht da?" oder einfordert: „Mama lesen!", wissen Sie, dass Sie mit dem Vorlesen beginnen können. Meistens ist es jedoch so, dass Eltern einfach anfangen zu lesen und dann beobachten, ob die Kinder schon zuhören können oder sie noch ständig durch die Kommentare der Kinder zum Bild unterbrochen werden. Es ist naheliegend, zunächst Bücher mit kurzen Texten zu wählen.

Das Vorlesen ist wichtig

▶ Beim Vorlesen hören Kinder immer wieder exakt die gleichen Wörter und Sätze, wenn das Buch wiederholt angesehen wird. Außerdem werden sie mit der Struktur und dem Wortschatz von Schrifttexten vertraut, die anders sind als unsere gesprochene Sprache. Gereimte Texte haben dabei eine besondere Qualität. Lange bevor Kinder wissen, was Reimwörter sind, erfahren sie den besonderen Klang dieser Textsorte und ergänzen von sich aus bekannte Reime, wie z. B. im Osterhasenbuch: „Hier kommt der alte Osterhase mit der Brille auf der ...?" „Nase!"

Das Interesse an geschriebener Sprache können Sie auch mit Bilderlexika wecken: Unter jeder Abbildung steht hier das passende Wort. Machen Sie Ihr Kind auf die Schrift zu den Bildern, die das Kind interessieren, aufmerksam: „Schau mal, da steht *Schaufelbagger*." So erweitern Sie den Wortschatz und das Kind erlebt wieder, dass man durch Schrift Informationen bekommt. Nicht selten ahmen schon kleine Kinder dieses Lesen nach, indem sie auf das Wort zeigen und spontan nachsprechen. Es gibt

Bilderlexika, die nach Oberbegriffen (Werkzeug, Tiere, Lebensmittel …) und solche, die nach Buchstaben geordnet sind. Achten Sie darauf, dass Sie von den einzelnen Abbildungen nicht zum reinen Benennen der Gegenstände verführt werden: „Ein Bagger, ein Leuchtturm, ein Blitz …" Sprechen Sie auch hier über die Eigenschaften der Gegenstände, die eigenen Erfahrungen damit usw.

Der Vorteil von ABC-Lexika ist, dass Ihr Kind durch die vielen Abbildungen von Begriffen mit den gleichen Anfangsbuchstaben erlebt, dass Wörter mit bestimmten Buchstaben anfangen. So fangen z. B. alle Wörter einer Seite mit „T" wie Tobi an. Außerdem wird nebenbei im Gespräch über die Wörter der Anfangslaut durch die wiederholte Aussprache geübt: Tisch, Tulpe, Tiger … Oft haben Kinder eigene Ideen und ergänzen: „ … und T wie Tor!" Leider sind die Begriffe oft nur nach der Schreibweise geordnet und nicht nach der Aussprache. So findet man auf der Seite für das „s" häufig auch Wörter wie „Stuhl" und „Spinne", die am Anfang mit „sch" gesprochen werden und nicht mit „s". Kindern, die schon kurz vor der Einschulung sind, können Sie an diesen Beispielen erklären, dass nicht alle Wörter so geschrieben werden, wie man sie ausspricht.

> **Im Bilderlexikon machen Kinder erste Erfahrungen mit Anlauten.**

In Schrifttexten wird es immer wieder Begriffe und Redewendungen geben, die Ihr Kind noch nicht versteht. Lesen Sie trotzdem immer einen Textabschnitt fertig vor – oft kann man sich den Inhalt aus dem Kontext erschließen. Lesen Sie lebendig vor: Betonen Sie wichtige Wörter, verwenden Sie eine ausgeprägte Sprachmelodie, verstellen Sie Ihre Stimme bei der wörtlichen Rede. Das vermittelt

> **Texte sollten nicht vereinfacht werden.**

zusätzlich den Inhalt und hilft Ihrem Kind, die Handlung zu verstehen.

Unterbrechen Sie den Text nicht durch Erklärungen.

Das Vorlesen darf nicht ständig durch Erklärungen unterbrochen und zur Therapiestunde werden, sonst verliert Ihr Kind schnell das Interesse. Wählen Sie daher nur einzelne Begriffe aus, die Sie erklären, und tauschen Sie sich in erster Linie mit dem Kind darüber aus, was in der Geschichte gerade geschieht.

Tipp

→ *Mit Bilderlexika, die ein Inhaltverzeichnis haben, können Sie das Sprachverständnis durch ein Ratespiel fördern: Zeigen Sie abwechselnd mit geschlossenen Augen auf ein beliebiges Wort im Inhaltsverzeichnis. Lesen Sie das Wort und die Seitenzahl vor und suchen Sie gemeinsam die Seite. Wer dann zuerst das passende Bild auf der Seite gefunden hat, hat gewonnen. Wenn Sie beim Vorlesen des Wortes merken, dass Ihr Kind den Begriff noch nicht versteht, gibt es einen echten Anlass, diesen zu erklären: Man kann das Bild nur finden, wenn man weiß, was das Wort bedeutet. Ganz nebenbei lernt Ihr Kind bei diesem Spiel, wozu Inhaltsverzeichnisse gut sind – lange bevor es lesen kann.*

Vereinfachen Sie die Texte nicht: Sie wurden im Zusammenspiel mit den Bildern von den Autoren bewusst so gestaltet. Wenn Sie die Texte vereinfachen, geht der jeweilige Stil des Buches verloren. Besser ist es, nach dem Vorlesen den Inhalt noch mal mit eigenen Worten zu erklären, falls dies nötig ist.

Für den Übergang von reinen Bilderbüchern mit wenig Text zu Geschichtenbüchern, wie „Der Räuber Hotzenplotz" oder „Der kleine Drache Kokosnuss", eignen sich Erstlesebücher *(Service-*

teil), die für Kinder in den ersten beiden Schuljahren gedacht sind. Besonders für hörgeschädigte Kinder im Vorschulalter, deren Sprachverständnis z.B. aufgrund einer späten Diagnose noch nicht so gut entwickelt ist, sind diese Bücher interessant und hilfreich. Die Texte zu ganz unterschiedlichen Themen sind inhaltlich noch nicht so anspruchsvoll, damit auch Leseanfänger sie verstehen können, die Kapitel sind meist kurz und in überschaubare Textblöcke untergliedert und sie enthalten noch einige Bilder. Wenn Ihr Kind später lesen lernt, sind das oft beliebte Bücher, da die Inhalte schon vertraut sind, und sie sich so mehr auf den Lesevorgang konzentrieren können.

Tipp

→ *Spielen Sie mit vertrauten Büchern mal Buchladen oder Bücherei: Lassen Sie sich von Ihrem Kind beraten, welches Buch lustig ist, welches für kleine Kinder geeignet ist, wo ein Bagger drin vorkommt, oder fragen Sie einfach, was in einem bestimmten Buch geschieht. So haben Sie einen natürlichen Anlass, sich über die Inhalte der Bücher sprachlich auszutauschen.*

Welche Bücher sind geeignet?

Kleinkinder lieben Sachbilderbücher über Baustelle, Flughafen, Bauernhof und Zoo. Auch Wimmelbücher und Bilderlexika sind beliebt. Achten Sie jedoch früh darauf, auch erste Bilderbücher mit einfachen, fortlaufenden Geschichten anzubieten. Das können Geschichten zu Alltagserfahrungen oder Phantasiegeschichten sein. Im Buch „Lola Lok, die Eisenbahn" steigen z.B. auf jeder Seite neue Tiere oder Personen ein, die aus verschiedenen Gründen schmutzig sind, und fahren zusammen zum Meer zum Baden. Im *Serviceteil* finden Sie eini-

Neben Sachbilderbüchern sind zu Beginn auch Geschichten wichtig.

ge Beispiele für erste Bücher mit einfachen Handlungen, da diese im Gegensatz zu komplexeren Bilderbüchern nicht so einfach zu finden sind.

Wie schon erwähnt, sind zu Beginn, wenn Kinder noch wenig Ausdauer haben, Aktionsbilderbücher mit Klappen, Bildern zum Schieben, Ziehen und Fühlen günstig. Spätestens, wenn Kinder immer wieder neue Bücher mit neuen Themen ansehen wollen, sind gemeinsame Büchereibesuche sinnvoll: Lassen Sie Ihr Kind auch ein bis zwei Bücher aus der Bilderbuchecke selbst auswählen; das Risiko, dass diese nicht Ihrem Geschmack entsprechen, müssen Sie in Kauf nehmen.

Besuchen Sie zusammen eine Bücherei.

Für Familien mit anderem kulturellen Hintergrund sind neben deutschen Büchern auch Bilderbücher aus dem Ursprungsland wichtig, weil in Bilderbüchern Kultur vermittelt wird: Deutsche Bilderbücher, die es z. B. in türkischer Übersetzung gibt, erfüllen diesen Aspekt nicht.

Bilderbücher vermitteln Kultur.

Befürchtungen, dass Phantasiegeschichten für hörgeschädigte Kleinkinder zu schwierig sind, weil sie nicht genau das Gleiche im Alltag erleben, sind unbegründet. Ganz im Gegenteil können in Geschichten, in denen z. B. Tiere vermenschlicht werden, einzelne Eigenschaften viel überzeichneter, damit deutlicher und auch lustiger dargestellt werden: Da gibt es schnelle und langsame, dicke und dünne, gemütliche, faule, eingebildete, starke und schwache. Dadurch können sich Kinder leichter mit einzelnen Figuren identifizieren, was zur Entwicklung ihrer eigenen Identität wichtig ist.

Erwachsene suchen in Bilderbüchern gerne heile Welten. Doch gerade größere Kinder wollen alle Lebensbereiche in den Geschichten wiederfinden. Nur so können Bücher Kindern helfen, ihre eigene Meinung zu bilden und zu festigen.

Tipp

→ *Bei aller Förderung im Dialog und beim Vorlesen mit Büchern sollten wir nicht vergessen, dass Kinder es auch mal genießen, ganz alleine in die Welt der Bilderbücher einzutauchen.*

Eine wertvolle Ergänzung zu Bilderbüchern sind selbst gemachte persönliche Erlebnismappen. Es handelt sich dabei um eine individuelle Mappe, ähnlich einem Fotoalbum, in der z.B. wichtige Personen, Haustiere, Lieblingsspeisen und Erlebnisse des Kindes festgehalten werden. Ursprünglich wurden sie von Antonius van Uden aus den Niederlanden für Hörgeschädigte entwickelt und fanden durch Susanna Schmid-Giovannini aus der Schweiz ihre Weiterentwicklung und starke Verbreitung. Bewährt hat sich eine stabile Ausführung wie z.B. ein Ringbuch mit dünnen Kartons, die in Klarsichthüllen stecken. So ist die Mappe strapazierfähig, und die Seiten lassen sich leicht blättern. Die Mappe sollte dem Kind zur freien Verfügung stehen und wie ein Bilderbuch immer wieder gemeinsam angesehen werden. Wenn Ihr Kind beim Einkleben der Fotos hilft, etwas dazukritzelt, malt oder schreibt, hat es natürlich einen stärkeren Bezug zu den einzelnen Seiten, als wenn nur Sie alles anfertigen.

Kinder gestalten ihre persönlichen Erlebnismappen mit.

Grundsätzlich ist wichtig, dass Sie die Mappe nach Ihren eigenen Ideen gestalten. Vielleicht kleben Sie eine Fahrkarte oder Eintrittskarte ein, die Abbildung einer Waschmaschine aus einem Werbeprospekt oder ein Foto Ihres Kindes im Kindersitz Ihres Autos. Oft sind es die alltäglichen, unspektakulären Dinge und Erlebnisse, die Kleinkinder interessieren, wie z. B. der Hund vom Nachbarn, der so eine lange Leine hat. Damit auch andere Personen wissen, was mit den Abbildungen gemeint ist, ist es wichtig, kurze Erklärungen dazuzuschreiben: „Lumpi wohnt neben uns. Er gehört Herrn Müller. Er hat soooo eine lange Leine!" Wenn ein Foto von dem Nachbarn mit seinem Hund dabei ist, könnte Herr Müller eine Sprechblase bekommen: „Nicht so schnell, Lumpi!" Fotos von immer wiederkehrenden Ereignissen können außerdem helfen, Ihr Kind auf kommende Ereignisse einzustimmen: Bevor Tante Inge zu Besuch kommt, sehen sie sich z. B. eine Seite vom letzten Besuch der Tante an. Fotografieren Sie dafür z. B. auch mal Ihren Hörgeräteakustiker, Ihren Pädaudiologen und die Bezugspersonen im CIC. Wie oft sollten neue Blätter angefertigt werden? Das kann man nicht pauschal sagen: Die Mappe wächst einfach langsam mit den Themen, die für das Kind gerade interessant sind. Auch in den Frühförderstunden kann immer wieder mal ein neues Blatt gemeinsam gestaltet werden.

Damit Ihr Kind später als Leseanfänger die Texte auch entziffern kann, sollten Sie in deutlicher Druckschrift schreiben. Vergessen Sie nicht das Datum: Die Mappen werden später zu wertvollen Erinnerungstücken. Nicht selten sind Geschwister eifersüchtig auf diese tollen Bücher – dann hilft nur, eine zweite Mappe zu führen. Meine Erfahrung ist, dass das Interesse an den Mappen abnimmt, wenn das Sprachverständnis zunimmt und man sich über die vertrauten Alltagsthemen rein sprachlich verständigen kann.

Die Mappen sollten weder bei den Kindern noch bei den Eltern zu Stress führen. Sie sind eine sinnvolle Ergänzung zu Bilderbü-

chern, sind aber kein „Muss" und führen nur zum Erfolg, wenn
Eltern oder Großeltern so etwas gerne machen und auch die
Zeit dafür haben.

Persönliche Erlebnismappen

▸ Sie sind einzigartig und bedeuten eine Zuwendung zum Kind, eine Beschäftigung mit seinen Interessen, Vorlieben und Erlebnissen.

▸ Über die Abbildungen ergeben sich Gespräche über Begriffe und Themen, die für das einzelne Kind in seinem persönlichen Alltag wichtig sind.

▸ Die Abbildungen unterstützen zu Beginn den Erwerb von Sprachverständnis und bieten viele Anlässe für das Kind, selbst erste Wörter zu sprechen.

▸ Die geschriebenen Erklärungen und Sprechblasen wecken das frühe Interesse an Schrift und die Mappen sind später oft beliebte erste Lesebücher

▸ Durch die Abbildungen können Kinder auf kommende Ereignisse vorbereitet werden, die ihnen rein sprachlich noch nicht erklärt werden können: Der Besuch eines Verwandten, der Spaziergang zum Ententeich oder die nächste Fahrt mit dem ICE zum CIC.

Dr. Lukas 医生

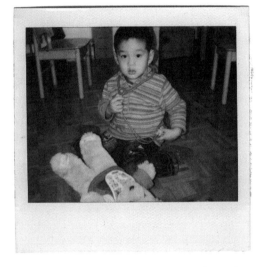

Der Bär ist krank!

小熊病了!

Aua

哪啊瓦

Die Erlebnismappe: Beispielseite von einem zweisprachigen Kind

Ergänzungen zum Bilderbuch

Haben Sie zu Hause eine Schachtel mit alten Postkarten oder Fotos? Gemeinsam in so einer Schachtel zu kramen, zu suchen und zu entdecken, ist ein guter Anlass, ins Gespräch zu kommen und damit auch den Wortschatz zu erweitern. Thematisch bieten Postkarten einen reichen Fundus: Landschaftsformen (Berge, Seen, Meer, Inseln), Jahreszeiten, Gebäudeformen (Hochhäuser, Fachwerkhäuser, Hütten), Tiere, Witz- und Kunstpostkarten. Außerdem kann man auf der Rückseite nachsehen, wer die Karte geschrieben hat. So kommen Namen von engen und auch unbekannteren Bezugspersonen ins Gespräch. Größere Kinder interessieren sich für die Orte, Länder und Erdteile. Dazu sind auch die Briefmarken interessant. Sie sehen, es lohnt sich, Postkarten aufzubewahren, da sie ein unerschöpflicher Vorrat an Themen und eine gute Variation zum Bilderbuch sind.

Alte Fotos und Postkarten bieten viele Themen.

Ähnlich ist es mit alten Fotos. Kinder lieben es, kleine Geschichten aus dem eigenen Leben und dem Leben und der Kindheit ihrer Eltern zu hören: „Da hat Papa gewohnt, als er klein war. Das war in einer anderen Stadt. Ganz weit weg…" Ganz nebenbei beschäftigen Sie sich sprachlich intensiv mit Vergangenheitsformen, da der Zeitpunkt, zu dem die Fotos gemacht wurden, ja grundsätzlich schon vorbei ist: „Da hat der Papa gerade Skifahren gelernt."

Auch kurze, aus dem Stegreif erfundene Gute-Nacht-Geschichten sind sehr beliebt. Darin kann z. B. ein Tier das Gleiche erleben wie vor Kurzem das Kind selbst, oder ein Kind mit gleichem Namen kommt in irgendwelchen kurzen Alltags-

Kinder lieben kurze Stegreif-Geschichten.

geschichten und kleinen Abenteuern vor. Dieses freie Erzählen prägt sich oft besonders gut ein und nicht selten erinnern sich Erwachsene noch lange an diese besonderen kurzen Geschichten.

Schrift in der frühen Förderung

Symbole, Buchstaben und Ziffern gehören zum natürlichen Lebensumfeld von Kindern und sie interessieren sich dafür, lange bevor sie zur Schule gehen. Bereits im Kleinkindalter laufen viele Lernprozesse ab, die die Voraussetzung für einen guten Schriftspracherwerb sind. Lesen und schreiben lernen ist für hörgeschädigte Kinder ein wesentlicher Teil der Sprachentwicklung und die Freude daran kann schon früh spielerisch unterstützt werden.

9

Wann beginnt das Interesse an Schrift?

Eines Tages wird Ihr Kind mit seinem Stift etwas anderes machen als malen – es wird „schreiben". Das sind meistens kleine Zick-Zack-Linien oder auch Kreise und Kreuze, die den großen Druckbuchstaben ähneln. Gerne nehmen sie dazu einem Erwachsenen den Kugelschreiber aus der Hand und imitieren, was sie schon oft beobachtet haben. Dies geschieht schon ab dem Alter von drei Jahren. Der nächste Schritt ist, dass Kinder versuchen, ihren Namen zu schreiben. Auf gemalten Bildern wird dieser dann ein Teil des Bildes: schön bunt mit Rahmen, Herzchen oder Blümchen verziert. Ein anderes Zeichen für ein beginnendes Interesse an Schrift ist, wenn Kinder auf Schrift zeigen. Sie entdecken z. B. den Anfangsbuchstaben des eigenen Namens auf einem Schild oder in der Suppe mit den Buchstabennudeln und sagen begeistert: „Schau mal Mama, E wie Emma." In dieser Phase erkennen sie auch Schriftzüge und Logos wieder, wie Automarken, den Namen des Supermarktes, bestimmte Verkehrszeichen oder das U-Bahnschild.

Das Kind zeigt, ob es bereit ist.

Beispiel

Peters erstes Wort, das er selbst lesen konnte, war „OBI", und auch in fremden Städten war er der erste, der die Baumarktschilder entdeckte.

Im Umgang mit dem Bilderbuch fangen die Kinder an, zu fragen: „Was steht da?" oder sie wollen, dass Schilder und Aufschriften auf Verpackungen vorgelesen werden.

Tipp

→ *Benennen Sie Buchstaben so, wie sie im Wort klingen: „f" und nicht „ef",*
   „w" und nicht „we". So liest Ihr Kind später „wo" und nicht „weo".

Vielleicht setzt sich Ihr Kind auch zu seinem jüngeren Geschwisterchen und „liest" ihm ein Bilderbuch vor, indem es Teile der vertrauten Geschichte erzählt. Vom Tonfall her klingt das häufig wie echtes Vorlesen. Sehr motivierend sind auch größere Geschwister, die schon in die Schule gehen. Die kleinen wollen dann auch „Hausaufgaben" machen und bekritzeln ganze Blätter mit Zick-Zack-Linien und ersten Buchstaben.

Die Schrift ist ein wichtiges Medium für Hörgeschädigte:

▌ Das Sprachverständnis beim Lesen ist nicht abhängig von der akustischen Umgebung oder von Eigenheiten des Sprechers (z.B. zu schnelles oder undeutliches Sprechen).

▌ SMS und E-Mail sind später zuverlässige Kommunikations-Medien, wenn Telefonieren schwierig ist.

▌ Silben und Buchstaben (Sprachlaute) werden durch das Schriftbild bewusst, auch wenn sie (noch) nicht gehört oder gesprochen werden. Dadurch wird neben der Aussprache auch die Grammatik gefördert: dem – den, eine – einer ...

▌ Das Vorlesen und später auch das eigene Lesen erweitern das Sprachverständnis und den gesprochenen Wortschatz.

Keinesfalls sollte man aus Angst, der Schule vorzugreifen, die natürliche Neugier und Lernfreude der Kinder stoppen. Am intensivsten lernen Kinder immer, wenn sie etwas aus eigenem Antrieb machen. Gleichzeitig ist es wichtig, gerade hörgeschädigten Kindern die Freude am Lesen und Schreiben nicht zu verderben, indem man ihnen Spiele oder Übungen aufdrängt, zu denen sie noch nicht bereit sind oder die ihnen keine Freude machen.

Das entdeckende Lernen sollte gefördert werden.

Kinder beziehen Schrift spielerisch ein.

Im Folgenden finden Sie Anregungen, wie Sie die Freude am Lesen und Schreiben im Alltag und Spiel anregen und aufgreifen können *(Kap. 8)*.

Nützlichkeit von Schrift erleben

„Die Kinder sehen, dass sich Eltern eine Zeitung oder ein Buch vor das Gesicht halten und lange Zeit still dasitzen. Zunächst sind sie der Meinung, die Eltern seien untätig. Mit der Zeit erkennen sie, dass man beim Anschauen einer bedruckten Vorlage eine Information erhält. Diese Erfahrung machen sie besonders, wenn ihnen etwas vorgelesen wird" (Blumenstock 2004, 17).

Kinder bekommen Interesse an Schrift, wenn sie erleben, dass diese nützlich ist. Neben Überschriften und Texten in Bilderbüchern gibt es viele Möglichkeiten, Kindern Schrift im Alltag nahezubringen:

> ▶ Lesen Sie den Namen auf dem Klingelschild vor, bevor Ihr Kind drücken darf, wenn Sie z.B. einen Freund besuchen: „Schau mal, hier steht Müller, hier musst du läuten."

Auf Schrift im Alltag aufmerksam machen.

> ▶ Im Lift können Sie auf die Ziffern aufmerksam machen: „Wir müssen in den 2. Stock. Hier steht zwei, hier kannst du drücken."
>
> ▶ Lesen Sie gemeinsam Nummernschilder: „Kennst Du diesen Buchstaben schon?" „M wie Mama." „Ja, ein M wie Mama und wie München. Das Auto kommt aus München."
>
> ▶ Lesen Sie beim gemeinsamen Einkauf vom Einkaufszettel vor, was noch fehlt.
>
> ▶ Lesen Sie die SMS der Oma nicht still, sondern beziehen Sie Ihr Kind ein: „Oma schreibt, dass sie etwas später kommt."
>
> ▶ Beziehen Sie das Kind ein, wenn Sie etwas aufschreiben: „Komm, wir schreiben gleich in den Kalender, dass der Basti morgen um drei Uhr kommt, dann vergessen wir es nicht."
>
> ▶ Bitten Sie Verwandte oder Freunde, dem Kind ab und zu eine E-Mail oder eine Postkarte zu schreiben – der Text kann ganz kurz sein. Diese persönliche Zuwendung motiviert Kinder sehr. Dies gilt auch für später, wenn Kinder beginnen, selbst zu lesen.
>
> ▶ Zeigen Sie Ihrem Kind, dass die Aufschriften auf Packungen Informationen geben: „Hier steht Plantschi drauf. Das ist dein Kindershampoo. Das andere nimmt der Papa zum Haare waschen."
>
> ▶ Beschriften Sie gemeinsam Dinge, die dem Kind gehören, mit seinem Namen: „Auf die Mappe schreiben wir Maria. In der sammeln wir alle deine Bilder."
>
> ▶ Gestalten Sie gemeinsam die Einladungen zum Kindergeburtstag.

Tipp

→ Betonen Sie zu Beginn den Unterschied zwischen malen und schreiben: „Da hast du einen Bagger gemalt und da habe ich ‚Bagger‘ geschrieben." oder „Soll ich ein Pony malen oder ‚Pony‘ schreiben?"

Es gibt Bilderbücher, die im Text immer wieder kleine Bilder haben. Wenn Kinder beim Vorlesen die abgebildeten Gegenstände benennen, haben sie das Gefühl, dass sie schon mitlesen. Ein Nachteil ist jedoch, dass dadurch die natürliche Betonung und Sprachmelodie ständig unterbrochen werden; der Inhalt der Geschichte kann dadurch nur schwer erfasst werden. Versuchen Sie daher einen Textabschnitt nach dem gemeinsamen Lesen noch mal flüssig vorzulesen, ohne das isolierte Benennen der Bilder.

Silben, Reime, Anlaute

Tipp

→ Achten Sie beim Silbenklatschen darauf, dass Sie leise klatschen, da das Geräusch sonst Ihre Sprache überdeckt.

Fragt man ein Kleinkind „Welches Wort ist länger: Schokoladeneis oder Zug?", lautet die Antwort „Zug", da ein Zug lang ist. Das Gleiche gilt für die Frage „Womit fängt *Zug* an?" – „Mit der Lok." In der ersten Phase des Spracherwerbs wissen Kinder nicht, was ein Wort ist und welche Eigenschaften es hat. Das heißt, dass die Bedeutung des Wortes und das Wort noch eine Einheit sind. Zum ersten Mal beschäftigen Kinder sich mit der Form eines Wortes, wenn sie Silben klatschen. Zunächst

Wort und Gegenstand sind eine Einheit.

geht es darum, dass das Sprechen und Klatschen koordiniert werden kann. Später können die Kinder erkennen, ob ein Wort kurz oder lang ist und wie viele Silben es hat.

Kinder klatschen Einsilber oft wie Zweisilber: „Ma-aus, Bu-us", obwohl sie Wörter schon sicher rhythmisch unterteilen können. Was ist der Grund? Das zeigt, dass sie die Aufgabe besonders genau erfüllen möchten: Die Aufgabenstellung sieht eine Teilung der Wörter beim Klatschen vor. Daher werden alle Wörter rhythmisch geteilt, auch wenn es nur Einsilber **Form und Inhalt des Wortes werden entdeckt.** sind. Außerdem ist ein einmaliges Klatschen sehr ungewohnt: Wenn man zu Musik klatscht oder wenn man applaudiert, klatscht man immer mehrfach.

Beispiel

Wir spielen Silbenklatschen. Zu der Bildkarte mit dem Elefanten sagt und klatscht Thomas „ElefantausIndien". Thomas ist 3;8 Jahre alt, hochgradig schwerhörig und mit Hörgeräten versorgt. Er liebt Musik und singt bereits erste Lieder: Das heißt, dass er schon über eine reiche Erfahrung mit Sprache und Rhythmus verfügt. Da er aber noch keine Schrifterfahrung hat, sind ihm Wortgrenzen noch nicht bewusst. Er fasst daher in diesem Spiel manchmal mehrere Wörter zu inhaltlichen Einheiten zusammen. Das ist kein Fehler, sondern eine natürliche Phase in der Entwicklung der Schriftsprache. Da er die Silben in „ElefantausIndien" richtig geklatscht hat, hat er die Aufgabe gut gemeistert. Bei der nächsten Karte mit dem Hund sagt und klatscht er „Martina" und erklärt dazu, dass der Hund Martina heißt.

Ein weiterer Entwicklungsschritt ist das bewusste Entdecken von Reimen. Auch hier muss sich das Kind vom Inhalt des Wortes lösen und nur auf den Klang achten: Haus–Maus, Buch–

Tuch … Bisher hat es Reime erlebt, z. B. in Fingerspielen, Liedern, Bewegungsspielen, gereimten Texte in Bilderbüchern oder Abzählversen. Vielleicht hat es auch schon spontan Reime im Bilderbuch ergänzt: „Der Ferdinand, der sieht ihn, er nimmt ein Seil und …" „zieht ihn".

Auf den Klang der Reimwörter achten, nicht auf den Inhalt.

Selbst zu entscheiden, ob sich zwei Wörter reimen oder nicht, ist jedoch ein großer neuer Schritt. Um die Aufmerksamkeit auf den Klang der Wörter zu lenken, können Sie z. B. sagen: „Hör mal: Hose–Dose, Hose–Dose. Das klingt fast gleich. Das reimt sich." Durch die Wiederholung der Reimwörter wird der ähnliche Klang noch deutlicher und das Kind erlebt, dass es nicht um die Bedeutung des Wortes geht, also nicht darum, dass man eine Hose anziehen und aus einer Dose trinken kann.

Tipp

→ *Wenn Sie für Ihr Kind ein Wort schreiben, für das es sich inhaltlich interessiert, bedeutet das eine persönliche Zuwendung, und das Kind hat einen besseren Bezug dazu als zu einer fertigen Lesekarte aus einem Spiel.*

Oma fängt mit O an.

Da sich Reimwörter oft nur durch den Anfangsbuchstaben (Anlaut) unterscheiden, erleben Kinder über das Reimen gleichzeitig, dass Anlaute wichtig sind. Zu diesem Zeitpunkt wissen sie meist schon, mit welchem Buchstaben ihr Name anfängt und lesen erste Wörter, wie die Namen der Familienmitglieder, im Sinne einer Ganzworterkennung.

Betonen Sie zu Beginn nur die Anfangsbuchstaben der Wörter und nennen Sie dazu immer mehrere Beispiele: „Schau mal, da steht ein A wie Anna und wie Ameise. Ameise fängt auch mit A an." Dadurch vermeiden Sie, dass Ihr Kind den Buchstaben und alle Wörter, die damit beginnen, ausschließlich mit seinem Namen verbindet.

Weitere Spielideen

Kinder lernen über das Begreifen. Formen Sie Buchstaben und Ziffern, die für das Kind wichtig sind, etwa aus Knete oder formen Sie beim gemeinsamen Plätzchen backen aus Teig den Anfangsbuchstaben vom Namen oder das Alter des Kindes. Verwenden Sie Buchstabenstempel, kleben Sie Magnetbuchstaben und Ziffern auf den Kühlschrank oder schreiben Sie Buchstaben und Namen auf dem Spielplatz in den Sand.

Beispiel

Die 4-jährige Steffi zeigte mir neulich stolz ihr ganz persönliches Pausenbrot: Die Mutter hat mit Buchstaben-Ausstechförmchen den Namen des Kindes aus Käse ausgestochen und das Brot damit belegt.

Dass jeder Buchstabe im Wort wichtig ist, erfahren Kinder besonders deutlich, wenn sie nach und nach Buchstaben von Wörtern „wegzaubern". Das wird in der ersten Klasse gemacht, ist aber in abgewandelter Form schon für Kindergartenkinder interessant und wertvoll. Wählen Sie gemeinsam mit dem Kind den Namen einer Person oder einen Tiernamen aus und schreiben diesen auf eine Tafel oder einen Papierstreifen. Lassen Sie dann vom Kind den letzten Buchstaben „wegzaubern". Entweder wird er von der Tafel weggewischt oder vom Papierstreifen abgeschnitten. Lesen Sie jeweils vor, wie die veränderten Wörter klingen: „Tobia, das ist aber ein komischer Name!" Oft imitieren die Kinder spontan diese lustig klingenden Wörter. Gelingt ihnen das korrekt, ist das ein Zeichen für eine sehr gute Hör- und auch Ausspracheentwicklung, da sie diese Buchstabenkombinationen vorher noch nie in dieser Form gehört oder gesprochen haben.

Wenn Ihr Kind die Silbenanzahl eines Wortes schon bestimmen kann, können Sie gemeinsam ein Silbenspiel basteln: Malen oder kleben Sie auf ein Papier mit Punkten einen Weg und legen Sie einen Start- und einen Zielpunkt fest. Jeder bekommt eine Spielfigur und statt eines Würfels liegt ein Stapel verdeckter Bildkarten bereit. Diese können Sie selbst malen, mit Stempeln und Stickern gestalten oder Sie nehmen einfach Karten aus einem Bilderlotto- oder Memory-Spiel. Sie können die Wörter beliebig mischen oder bestimmte Themen wählen: In der Weihnachtszeit z. B. Karten mit Weihnachtsstickern (Engel, Nikolaus, Kerze, Christbaum, Geschenk…). Jeder zieht, wenn er dran ist, eine Karte, spricht und klatscht das Wort und rückt mit seiner Spielfigur um die Anzahl der Silben nach vorn. Wer als Erster im Ziel ist, hat das Silbenrennen gewonnen. Ganz nebenbei ist das bewusste Sprechen der einzelnen Wörter beim Zählen der Silben eine gute Ausspracheübung.

Statt würfeln kann man Silben zählen.

Weitere Anregungen finden Sie im *Kap. 6* und im *Serviceteil*.

Schlussgedanken

Sie werden sicher auch schon Ratschläge gehört haben wie: „Du musst aber auch mal was für Dich tun." Dazu berichten mir Eltern immer wieder, dass ihnen diese Sorge um sich selbst zu Beginn sehr schwer fiel und auch nicht ihr Thema war, da die Sorge um das hörgeschädigte Kind alles andere überdeckte. Verlieren Sie aber die Suche nach Energiequellen und die Zeit, die Sie benötigen, um diese auch zu nutzen, nicht ganz aus den Augen. Hilfreich sind auch hier erst einmal die kleinen Schritte. Vielleicht nehmen Sie nach diesem Buch einfach mal wieder etwas zum Lesen in die Hand, das mit Hörschädigung, Eltern und Kindern nicht das Geringste zu tun hat.

Serviceteil

Fachbegriffe leicht erklärt

Adenotomie (AT): Operative Entfernung der Adenoide (= Rachenmandeln, Polypen).

Atresie: Ein angeborener Verschluss, z.B. der äußeren Gehörgänge.

Audiogramm: Das Formular, in das die Messwerte der Ton- und *Sprachaudiometrie** eingetragen werden.

Audiometrie: Die Messung des Hörvermögens. Es gibt die subjektive und die objektive Audiometrie. In der subjektiven werden Prüfverfahren verwendet, bei denen der Prüfer mit Tönen und Sprache über das Audiometer subjektiv beurteilen muss, ob eine Hörreaktion vorlag oder ein Wort korrekt gehört und nachgesprochen wurde. Zu der objektiven Audiometrie gehören Prüfverfahren, bei denen Geräte die Beurteilung des Hörvermögens übernehmen. Teilweise bedürfen aber auch diese Ergebnisse einer subjektiven Auswertung durch Fachleute, wie etwa die Kurven einer *BER**-Messung.

auditive Wahrnehmung: Die Verarbeitung alles Gehörten im Gehirn und der Höreindruck, der dadurch entsteht.

Dazu gehören etwa die Unterscheidung von Störschall und Nutzschall, das Richtungshören, oder die Verarbeitung von Wörtern in ihrem Sinnzusammenhang.

Aufblähkurve: Die Messkurve im *Audiogramm**, welche die Hörreaktionen mit Hörgeräten oder *CI** wiedergibt.

BERA: Abkürzung für Brainstem Evoced Response Audiometry. Objektive Hörprüfung im Schlaf, in Sedierung oder in Narkose. Über Elektroden am Kopf des Kindes werden die Hirnströme gemessen, während über Kopfhörer Töne gegeben werden.

bilateral: beidseitig

CIC: Cochlear-Implant-Center. Dort werden die CIs regelmäßig überprüft und in der Einstellung optimiert; die Kinder erhalten Förderung und die Eltern Beratung.

Cochlea: Das griechische Wort für „Schnecke". Bezeichnet das Innenohr, das wie ein Schneckenhaus geformt ist. Bei Geburt hat die Cochlea ihre endgültige Größe.

Cochlea-Implantat (CI): Elektronische Hörhilfe, die im Gegensatz zum Hörgerät den Schall nicht verstärkt, sondern den Hörnerv künstlich reizt. Zum CI gehören die implantierten Teile – die Elektroden im Innenohr und der Empfänger unter der Haut – sowie die äußeren Teile: Die Sendespule und der Sprachprozessor mit Mikrofon, Akku- oder Batterieteil.

Corrective Feedback: Intuitive Verhaltensweise von Eltern. Die Äußerung des Kindes wird wiederholt und dabei mit korrekter Aussprache (Artikulation), korrektem Satzbau, korrekter Grammatik und korrekter Wortwahl wiedergegeben. Beispiel: Kind: „Da Bume." Mutter: „Ja, da ist eine Blume."

DGS: s. Gebärdensprache

Dysplasie: Angeborene Fehlbildung, wie z. B. eine Ohrmuscheldysplasie.

Eustachische Röhre: auch „Tube" genannt. Verbindung zwischen Mittelohr und Nasen-Rachenraum. Durch Öffnen und Schließen der Eustachischen Röhre beim Schlucken geschieht der Luftdruckausgleich im Mittelohr. Bei Problemen spricht man von „Tubenfunktionsstörung" oder „Belüftungsproblemen im Mittelohr".

Fingeralphabet: s. Gebärdensprache

FM-Anlage: Abkürzung für Frequenz-Modulations-Anlage. Das Kind trägt einen Empfänger, der über Kabel oder auch kabellos mit den Hörgeräten oder den CIs* verbunden ist. Der Gesprächspartner trägt einen Sender mit Mikrofon. Die FM-Anlage überbrückt Entfernungen und unterdrückt Störlärm.

Frequenz: Bezeichnung für die Tonhöhe, z. B. in der Audiometrie*.

Fühlwerte: Töne, die in der Audiometrie* nicht gehört, sondern nur über Vibration gefühlt werden. Das betrifft tiefe Töne, die mit hoher Lautstärke angeboten werden.

Gebärdensprache: Es ist zu unterscheiden zwischen der Deutschen Gebärdensprache (DGS), dem Fingeralphabet, Lautsprachbegleitenden Gebärden (LBG) und Lautsprachunterstützenden Gebärden (LUG). Die DGS ist eine eigenständige, vollwertige Sprache mit eigener Grammatik, die sich von der Lautsprache stark unterscheidet. Das Fingeralphabet orientiert sich an der geschriebenen Sprache und wird zum Buchstabieren einzelner Wörter, z. B. für Fremdwörter oder Eigennamen, benutzt. LBG werden begleitend zur Lautsprache benutzt, sie folgen also der lautsprachlichen Struktur. LUG werden nur vereinzelt unterstützend zur Lautsprache benutzt. Hinzu kommt die gebärdenunterstütze Kommunikation GuK von Etta Wilken, die ursprünglich für Kinder mit Down-Syndrom entwickelt wurde. Das System ist über einzelne Bildkarten aufgebaut: Gebärde, Bedeutung, geschriebenes Wort. Die Gebärden entsprechen teilweise den DGS-Gebärden.

GuK: s. Gebärdensprache

Hertz (Hz): Die Maßeinheit für die Tonhöhe.

Hörschwelle: Die Hörschwelle bezeichnet die Werte im *Audiogramm**, bei denen ein Ton gerade eben wahrgenommen wird, die Testperson also ohne technische Hörhilfen zu hören beginnt.

Knochenleitungshörgerät: Der verstärkte Schall wird in Vibration umgewandelt und auf den Schädelknochen übertragen, der die Schwingungen zum Innenohr weiterleitet. Bei Säuglingen und Kleinkindern sind diese Hörgeräte in ein Stirnband eingearbeitet.

Knochenleitungsmessung: Die Messtöne werden über einen Knochenleitungshörer gegeben, der hinter dem Ohr auf dem Schädelknochen angelegt wird. Damit wird direkt die Innenohrleistung gemessen, ohne Beteiligung des Mittelohres.

Lautsprache: Die Sprache, die mittels der Sprechorgane (Kehlkopf, Lippen, Zunge usw.) erzeugt wird. Im Gegensatz dazu stehen die Gebärdensprache und die Schriftsprache.

LBG: s. Gebärdensprache

Luftleitungsmessung: Die Messtöne werden über Lautsprecher oder Kopfhörer gegeben und über die Luft, das Trommelfell und die Gehörknöchelchenkette im Mittelohr an das Innenohr weitergeleitet.

LUG: s. Gebärdensprache

OAE-Messung: die Messung Oto-Akustischer-Emissionen. Es wird der Effekt gemessen, dass das Innenohr bei Reizung nicht nur Schall aufnimmt, sondern auch produziert, ähnlich einem Echo. Dies kann über ein hochempfindliches Mikrofon nachgewiesen werden. Wenn die OAE-Messung auffällig ist, müssen genauere Messverfahren durchgeführt werden, in der Regel auch eine *BERA**.

Otoplastik: Das Ohrpassstück, die Verbindung zwischen Hörgerät und Ohr, das durch einen Abdruck individuell angefertigt wird.

Pädaudiologie: Ärztliches Fachgebiet für kindliche Hör- und Sprachentwicklungsprobleme.

Pädagogisch-Audiologische Beratungs- und Frühförderstellen: Pädagogisch geleitete Einrichtungen zur Beratung und Frühförderung hörgeschädigter Kinder und deren Familien.

Paukenerguss: Flüssigkeit im Mittelohr, die wässrig bis leimartig sein kann. Bei chronischen Paukenergüssen können u.a. *Paukenröhrchen** helfen.

Paukenröhrchen: Kunststoff- oder Metallröhrchen (ca. 1 mm lang), die operativ in das Trommelfell (Grenze zwischen äußerem Gehörgang und Mittelohr) eingelegt werden, um die Belüftung des Mittelohrs zu verbessern. Dies ist notwendig, wenn die Belüftung über die *Eustachische Röhre** (Tube) nicht ausreichend funktioniert.

prälingual: vor dem Erwerb der Lautsprache

Prosodie: Alle Anteile der gesprochenen Sprache, die ausmachen, wie wir etwas sagen. Das sind die Melodie, die Betonung, die Pausen und der Rhythmus.

Spielaudiometrie: Durch eine Spielhandlung zeigt das Kind, ob es über Lautsprecher oder Kopfhörer einen Ton gehört hat. Dazu steckt es z.B. ein Klötzchen auf einen Stab.

Sprachaudiometrie: Über das Audiometer werden Wörter vorgespielt, die entweder nachgesprochen oder auf Bildtafeln gezeigt werden.

Sprachlaut: Die kleinste Einheit der gesprochenen Sprache. Der Sprachlaut kann sich vom geschriebenen Buchstaben unterscheiden. Wenn z.B. der Buchstabe „x" geschrieben steht, sprechen wir die Laute „ks".

Stapediusreflex: Ein Muskelreflex im Mittelohr, der bei lauten Tönen die Gehörknöchelchenkette versteift und damit die Weiterleitung zum Innenohr abschwächt, um es zu schützen.

Stetoclip: Abhörbügel für die tägliche Kontrolle der Hörgeräte. Damit können die Hörgeräte durch den Erwachsenen abgehört und grobe Übertragungsfehler oder Wackelkontakte zu Hause erkannt werden.

Tympanometrie: Messung der Trommelfellbeweglichkeit. Durch die Erzeugung von leichtem Über- und Unterdruck im äußeren Gehörgang wird geprüft, ob das Trommelfell frei schwingen kann. Daraus kann man schließen, ob das Mittelohr gut belüftet ist, d.h. der Luftdruckausgleich über die *Eustachische Röhre** funktioniert.

Literatur

Blumenstock, L. (2004): Spielerische Wege zur Schriftsprache. Beltz, Weinheim / Basel

Bruner, J. (1997): Wie das Kind sprechen lernt. Huber, Bern

Clark, M. (2009): Interaktion mit hörgeschädigten Kindern. Ernst Reinhardt, München / Basel

Diller G., Martsch, A. (2010): Begleitung von Eltern mit Migrationshintergrund am Beispiel türkischer Familien. Hörgeschädigtenpädagogik 64 (1), 6–11

Goorhuis-Brower, S. M. (1999): Pädagogische Aspekte von Sprachentwicklungsstörungen. Sprache – Stimme – Gehör 3, 149–154

Horsch, U. (2007): Der ununterbrochene Dialog. Spektrum Hören 1, 6–11

Kaufmann-Huber, G. (1995): Kinder brauchen Rituale. Herder, Freiburg im Breisgau

Largo, R. (1999): Kinderjahre. Die Individualität des Kindes als erzieherische Herausforderung. Piper, München / Zürich

Nawka, T. (2011): Universelles Neugeborenen-Hörscreening als notwendige Präventivmaßnahme. In: www.fruehkindliches-hoeren.de/informationsmaterialien-links, 15.09.2011

NIDCD, National Institute on Deafness and Other Communication Disorders

(2012): Quick Statistics. In: www.nidcd. nih.gov/health/statistics/Pages/quick. aspx, 30.09.2012

Papoušek, M. (1994): Vom ersten Schrei zum ersten Wort. Anfänge der Sprachentwicklung in der vorsprachlichen Kommunikation. Huber, Bern

Pohl, G. (2011): Kindheit – aufs Spiel gesetzt. Dohrmann, Berlin

Rüter, M., Mayer, F. (2001): Mein Kind kann hören. Ernst Reinhardt, München / Basel

Seitz, R. (1995): Was hast du denn da gemalt? Wie Kinder zeichnen und was Eltern, Erzieherinnen und Lehrkräfte dafür tun können. Don Bosco, München

Empfehlungen für Literatur und Links zum Thema Hörtechnik

Batliner, G. (2009): Hörgeschädigte Kinder im Kindergarten. Ernst Reinhardt, München / Basel (Kapitel: „Gut hören – schlecht hören" und „Was muss ich zur Technik wissen?")

Bogner, B. (2009): Hörtechnik für Kinder mit Hörschädigung. Median, Heidelberg

Keilmann, A. (2007): Hört mein Kind richtig? Schulz-Kirchner, Idstein

Zur Funktion des Ohres:

www.oticon.de/hearing/facts/ hearing/how-hearing-works.aspx

Zur Hörtechnik und Diagnose:

www.dcig.de (s.o.)

www.fruehkindliches-hoeren.de

Außerdem finden Sie auf den Homepages der CICs und der einzelnen CI-Firmen zahlreiche Informationen.

Empfehlungen für Bilderbücher und Spielmaterial

Empfehlenswerte DVD zur Sprachförderung mit Bilderbüchern

Braun, W. G., Kosack, J. (2012): Mit Kindern sprechen und lesen. DVD mit Film. Ernst Reinhardt, München / Basel

Bilderbücher

Hier finden Sie Anregungen für Kinder- / Bilderbücher mit ersten einfachen Handlungen bzw. Geschichten, da diese, im Gegensatz zu Sachbilderbüchern, eher schwierig zu finden sind *(Kap. 8)*.

Bilderbuch-Serien

Berner, S. (versch. Jahre): Wimmelbücher. Gerstenberg, Hildesheim

Grimm S. u.a. (versch. Jahre): Jakob-Bücher ... Carlsen, Hamburg

Klinting, L. (versch. Jahre): Kasimir ... Oetinger, Hamburg

Steinhauer, A., Schneider, L. u.a. (versch. Jahre): Conni ... Carlsen, Hamburg

Wissmann, M. (2004): Die kleine Ente Nelli ... Coppenrath, Münster

Einzelne Bilderbücher

Baumgart, K. (2011): Lauras Stern. Bastei Lübbe, Köln

Carle, E. (2007): Die kleine Raupe Nimmersatt. Gerstenberg, Hildesheim

Grimm, S., Senner, K. (2009): Schau mal an, was Paulchen kann. Ravensburger, Ravensburg

Landström, O., Landström, L. (2001): Nisses neue Mütze. Oetinger, Hamburg

Maar, P. (1997): Die Maus, die hat Geburtstag heut. Oetinger, Hamburg

Michels, T., Michl, R. (1985): Es klopft bei Wanja in der Nacht. Ellermann, Hamburg

Müller, B. (2011): Mein Bulli Bus Buch. Carlsen, Hamburg

Rudolph, A. (2007): Aua! brummt der Bär. Oetinger, Hamburg

Velthuijs, M. (2011): Frosch übernachtet woanders. Thienemann, Stuttgart

Bilderbücher zum Thema „erste Wörter"

Kraushaar, S. (2011): Nochmal! Meine ersten Lieblingswörter. Coppenrath, Münster

Spanner, H. (2012): Erste Wörter, erste Sätze. Ravensburger, Ravensburg

Reihen mit Erstlesebüchern

- Lesebär (Arena),
- Leserabe (Ravensburger),
- Lesemaus (Carlsen),
- Erst ich ein Stück, dann du (cbj).

Bücher und Materialien zu Liedern und Versen

Grüger, J. (2007): Die große goldene Liederfibel mit CD. Patmos, Ostfildern

Schott Musik Verlag: Musik und Tanz für Kinder – Kinderlieder-Poster. Schott Musik, Mainz

Stöcklin-Meier, S. (2007): Eins, Zwei, Drei – Ritsche, Ratsche, Rei. Kinderspielverse zum Lachen, Hüpfen und Tanzen. Kösel, München

Spielmaterial

Das Wichtigste sind Freispiel-Materialien, wie Puppen, Tiere, Autos, Bausteine usw. Hier finden Sie Gesellschafspiele, die sich in der frühen Förderung bewährt haben; auf einige davon wird in den einzelnen Kapiteln hingewiesen.

- Blinde Kuh (Ravensbuger)
- Buchstabix (Haba)
- Differento (Schubi)
- Kinder Memory (Ravensburger)
- Memo-Lotto (Goula)
- Nanu, ich denk da liegt der Schuh (Ravensburger)
- Obstgarten (Haba)
- Pustestifte „Blopen" und gute Spielzeugauswahl: www.landoftoys.com
- Ratefüchse aufgepasst (Ravensburger)
- Ratz-Fatz-Serie: Ratz Fatz kommt die Feuerwehr, Ratz-Fatz in den Kindergarten usw. (Ravensburger)
- Tiere füttern (Ravensburger)
- Wer bin ich? (Dosenspiel; Haba)
- Wer ist es? (MB-Spiele)

Sehr empfehlenswertes Vorschulmaterial (ab ca. 4 Jahre):

Logico Primo (Finken)

Adressen und Austauschforen

Gesellschaften und Verbände

Deutsche Cochlear Implant Gesellschaft e.V. (DCIG)

Postfach 3032, D-89253 Illertissen
Tel.: +49-(0)7303-928 4313
Fax: +49-(0)7303-439 98
E-Mail: dcig@dcig.de
www.dcig.de

Deutscher Schwerhörigenbund e.V. (DSB)

Breite Straße 3, D-13187 Berlin
Tel.: +49-(0)30-47 54 11 14
Fax: +49-(0)30-47 54 11 16
E-Mail: dsb@schwerhoerigen-netz.de
www.schwerhoerigen-netz.de

CI Interessengemeinschaft (CI IG) Schweiz

Postfach 1332, CH-8032 Zürich
Tel.: +41-(0)44-363 12 00
Fax: +41-(0)44-363 13 03
E-Mail: info@cochlea-implantat.ch
www.cochlea-implantat.ch

Österreichische Cochlear Implant Gesellschaft

www.oecig.at

Austauschmöglichkeiten für Eltern

Wenn Sie Kontakt zu anderen betroffenen Eltern und Familien suchen, wenden Sie sich an Ihre Frühförderstelle für hörgeschädigte Kinder. Diese Einrichtungen bieten regelmäßig Treffen an und vermitteln auch passende Einzelkontakte zu anderen Familien in Ihrer Nähe, wenn Sie dies wünschen. Fragen Sie auch in Ihrem CIC nach, ob derartige Angebote bestehen.

Es gibt einige Elternvereine, die sich schwerpunktmäßig für eine hörgerichtete Förderung einsetzen, in Deutschland z.B.:

▶ www.ich-hoere.de (Unna),
▶ www.hoergeschaedigte-kinder-leipzig. de (Leipzig),
▶ www.kleine-lauscher.de (Nähe Frankfurt / Main.)
▶ www.sprich.jimdo.com (Stuttgart).

Ihre Frühförderstelle oder Ihr CIC können Auskunft geben, welche regionalen Gruppen es in Ihrer Gegend gibt. Folgende Elterngruppe gibt es in der Schweiz (mit Regionalgruppen in verschiedenen Regionen): www.svehk.ch

Zeitschriften: „Schnecke" und „Schnecke-online" (www.schnecke-online.de). Dort können Sie sich auch überregional im Forum austauschen.

(alle Links im Serviceteil: Stand November 2012)

Hörgeschädigte Kinder integrieren

Gisela Batliner
**Hörgeschädigte Kinder
im Kindergarten**
Ein Ratgeber für den Gruppenalltag

2. Auflage

Gisela Batliner
Hörgeschädigte Kinder im Kindergarten
Ein Ratgeber für den Gruppenalltag
2., überarb. Aufl. 2009. 101 S. 12 Abb.
(978-3-497-02115-4) kt

Ein umfassender Ratgeber für die Integration hörgeschädigter Kinder im Kindergarten: Er wendet sich hauptsächlich an alle, die im Regelkindergarten oder in integrativen Gruppen mit diesen Kindern arbeiten. Doch auch für Eltern und alle Fachkräfte der Frühförderung ist dieses Buch eine wertvolle Hilfe.
Anschaulich schildert die Autorin Wissenswertes über Mittel- und Innenohrstörungen, Diagnostik und technische Hörhilfen.
Sie erfahren, wie die Kommunikation mit dem Kind am besten klappt, was im Umgang mit den Hörgeräten und Cochlea Implantaten zu beachten ist und wie die Zusammenarbeit mit anderen Fachleuten gut verlaufen kann.

www.reinhardt-verlag.de

Bibliografische Information der Deutschen Nationalbibliothek
Die Deutsche Nationalbibliothek verzeichnet diese Publikation in der Deutschen Nationalbibliografie; detaillierte bibliografische Daten sind im Internet über <http://dnb.d-nb.de> abrufbar.
ISBN 978-3-497-02384-4 (Print)
ISBN 978-3-497-60108-0 (E-Book)
ISSN 0720-8707
3., vollständig überarbeitete und neu gestaltete Auflage

Printed in Germany
Cover unter Verwendung eines privaten Fotos
Satz: Arnold & Domnick, Leipzig   www.arnold-domnick.de

Bildquellennachweis
S. 30: Christine Kirchler, S. 66: Jan Shen, S. 89: Richard Greß, S. 109: © Irina Magrelo – fotolia.com, S. 131: Viviane Kohlen, S. 157: © luisa – fotolia.com, S. 159: Paula Munzert, S. 185: © Stefan Gräf – fotolia.com, S. 188: Viviane Kohlen, S. 195: Michael Munzert, alle anderen Abbildungen: privat

Ernst Reinhardt Verlag, Kemnatenstr. 46, D-80639 München
Net: www.reinhardt-verlag.de E-Mail: info@reinhardt-verlag.de